AF272907

Ritt nach „Rom"

August 1998

Tagebuchaufzeichnungen

Teilnehmer:

Peter Dreier

Josef Kaiser

Christina Rotzler

Werner Rotzler

Unsere Route von Hasel bis Tomello

Hasel

Samstag, 25. Juli 1998   SHO 2   **Wiesental/Kleines Wiesental**   BADISCHE ZEITUNG

Werner Rotzler, Peter Dreier und Josef Kaiser reiten los

Mit Thora, Moritz und Lucia nach Rom

Von unserem Mitarbeiter
Stephan Reuter

HASEL. Zu viert werden sie losreiten. Am Schweizer Nationalfeiertag, dem 1. August, bei Bad Säckingen über die Grenze und dann schnurgeradeaus gen Süden, den Alpen entgegen. Das große Ziel heißt Rom.

Einmal die legendäre Stadt auf den sieben Hügeln hoch zu Roß zu erreichen, das ist ein Traum, den Werner Rotzler aus Hasel mittlerweile 15 Jahre lang geträumt hat. Letzten Herbst dann weihte Rotzler einen Reiterkollegen, den Grundschullehrer Peter Dreier aus Hasel, in seine Pläne ein. 14 Tage später war das Abenteuer abgemachte Sache.

Spontan schloß sich Josef Kaiser aus Wehr den beiden an. Dem 60jährigen Beamten ist es als Vorruheständler möglich, sich die Zeit für die sechswöchige Tour zu nehmen. „So eine Reise macht man nur einmal im Leben", freut sich Kaiser. Rotzlers zwölfjährige Tochter Christina ist auf dem weniger strapaziösen Teil der Route, dem Ritt durch die Schweiz, ebenfalls mit von der Partie.

Seit einem Dreivierteljahr läuft die Planung. Die Wanderreiter, die rund ein Drittel der Strecke auf Schusters Rappen zurücklegen wollen, sind gerüstet: topographische Karten des italienischen Armee, Schweizer Militärsättel,

Wachsjacken, Gamaschen und Wanderschuhe, Beschlagzeug, Schlafsack und Regenplane zum Übernachten unter freiem Himmel, Verbandsmaterial für Roß und Reiter, selbstgenähte Moskitonetze als Kopfschutz.

Denn mit Stechmücken und Pferdebremsen ist nicht zu spaßen: Die Insektenplage und die italienische Sommerhitze bereiten Werner Rotzler und seinen Mitstreitern das meiste Kopfzerbrechen.

Ein Lichtblick: Seit kurzem stehen sie nach Mitteilung von Werner Rotzler mit einem Hersteller von Insektenschutzmittel in Verbindung, der die Tour nach Rom eventuell sponsern wird.

Auf fünf Kilometer genau stehen die Etappen fest, so Rotzler. In den Alpen gehe es über den Grimselpaß (2165 Meter) und über den Griespaß (2480 Meter) hinunter nach Domodossola, und von dort durch die Po-Ebene Richtung Latium.

Bei aller Begeisterung bleibt der Initiator auf dem Teppich: „Ob wir Rom erreichen, steht auf einem anderen Blatt. Es kann so viel passieren." Auf keinen Fall werde er „wie ein Geisteskranker" losheizen, schließlich will der Mitinhaber einer Druckerei auch ein wenig Urlaub machen.

Eins scheint jedenfalls klar: Der Langstreckenritt soll weder ein Wettrennen noch ein Vabanque-Spiel mit der Gesundheit der Pferde werden. „Bevor meine Rösser Schaden nehmen, höre ich auf", betont

Rotzler. Seine Reiterkollegen sind derselben Meinung.

Nicht mehr als 35 Kilometer täglich haben sie sich vorgenommen. Das sei für die Tiere keine Belastung. „Ob die bei mir auf der Weide herumspringen oder durch die Schweiz laufen, macht keinen Unterschied", versichert Rotzler. Bei Hitze sei das nur morgens und abends unterwegs; mittags gehöre die Pferde in einen kühlen Stall oder

sonst irgendwo in den Schatten.

Wegen der anhaltenden Dürre südlich von Genua wollen die drei Romreiter entgegen der ursprünglichen Planung doch nicht auf ein Begleitfahrzeug in Italien verzichten. Rotzler fürchtet, daß das Futter auf freiem Feld knapp werden könnte. Ohne Auto könne unter Umständen nicht rechtzeitig Nachschub besorgt werden.

In den letzten Tagen vor dem Ab-

ritt trainieren die Reiter noch einmal das Campieren und die Abstimmung mit dem Begleitwagen. Seit geraumer Zeit haben sie mit den Pferden Thora, Moritz und Lucia mehrtägige Touren durch die Region unternommen.

Die Kondition müßte stimmen. Das ist auch nötig: Zwischen Hasel und dem Petersplatz in Rom liegen immerhin fast 1000 Kilometer Luftlinie.

DAS GLÜCK DER ERDE empfinden Peter Dreier, Christina Rotzler, Vater Werner Rotzler und Josef Kaiser (im Bild von links) auf dem Rücken der Pferde. Am 1. August starten sie nach Rom   Bild: Stephan Reuter

Nach monatelangen Vorbereitungen, Einkäufen, besorgen der Wanderkarten für Italien, die wir selbst und nur mit Sondergenehmigung in Mailand beim italienischen Militär abholen mussten, (insgesamt waren es 50 topographische Karten) wochenlangem Ausarbeiten der Reiserouten, vielen Wochenenddritten in den Schwarzwald und ins Elsass, Auskundschaften der ersten drei Tage mit Übernachtung und das Abgehen des Sattelpasses sowie vieles andere
wie das Bedrucken der Hemden, Anfertigen von Visitenkarten, das Ausprobieren den Satteltaschen, das Nähen der Gepäckrollen, die extra aus Zelttuch genäht wurden, ausprobieren der Übernachtungen mit Anbinden der Pferde, die verschiedenen Anbindtechniken ausprobieren mit langer Leine zwischen Bäumen und Anbindschlaufen oder ausziehbaren Hundehalsbändern, über die Pferde trotzdem darüberstolperten, das Überwachen der Pferde nachts, wenn wir keine Koppel hatten und die damit verbundenen Nachtwachen, bei denen sich die Pferde dauernd in den Seilen
verhedderten oder losrissen und eingefangen werden mussten sowie das Lösen der Probleme mit der Mückenplage(Werner fand einen Sponsor für ein gutes Mückenschutzmittel, welches sich aber nur bei deutschen Fliegen wirksam zeigte), außerdem die vielen Treffen beim Schneider Rotzler, um die Gepäckrollen zu nähen, das Anfertigender Gepäckstützen aus Aluminium für die Militärsättel, den vielen Packproben, damit beide Seiten im Gleichgewichtsind, ausprobieren, welcher Gegenstand wo verpackt ist, damit alles je nach Anlass auch griffbereit ist und das Pferd keinen Satteldruck bekommt, überlegen, was unbedingt mitmuss und permanentes Streichen, weil es immer noch zu viel und zu schwer war, war es endlich am 1. August so weit:

Unser Ritt nach Rom konnte losgehen.

1. August.

Wir sind um 6.30 Uhr aufgestanden, frühstückten gemütlich, gingen dann zu Werner, holten die Pferde von der Weide und bereiteten alles zum Abritt vor. Gegen 8:00 Uhr kamen schon die 1. Verabschiedungsgäste. Werner und Sonja hatten ein kleines Sektfrühstück vorbereitet.

Um 8:30 Uhr brachten uns die die **Viertelesschlotzer**, zur Verabschiedung noch ein Ständchen zu bringen. Werner bedankte sich bei den Ehefrauen und bei der Begleitequipe, die uns in der zweiten Woche begleiten wird und ohne die Reise durch Italien nicht möglich ist. Auch die Zeitungen waren anwesend, um einen Bericht darüber zu schreiben und zwar die Badische und das Markgräfler. Karlheinz machte Aufnahmen mit einer Videokamera. Inzwischen, es war schon 9:30 Uhr, viel später als geplant,, waren die Pferde fertig gepackt, wir

verabschiedeten uns von unseren Ehefrauen, tranken noch einen Schnaps und während die Viertelesschlotzer das Lied „Die blauen Dragoner sie reiten" sangen, ritten wir los in Richtung Wehr. Dort schauten wir noch bei Autohaus Potthin, einem Reiterkollegen, vorbei, der uns auch einen kleinen Abschiedstrunk anbot. Lucia bedankte sich dafür mit richtig schönen großen Pferdeäpfeln.

Bei unseren Ritt durch Wehr wurden wir des Öfteren gefragt, ob wir die Rom-reiter seien und man wünschte uns viel Glück. Wir waren bekannter, als wir es je gedacht hatten. Unterwegs kam wir noch an einer Go-Kart Rennbahn vorbei die gerade aufgebaut wurde und man spendierte uns eine Flasche Bier. Gegen 12:00 Uhr erreichten wir in Säckingen die Grenze, wobei wir einen kleinen Umweg machten, da wir direkt am Rhein ritten und schon hinter dem Grenzübergang waren, also wieder zurück mussten. Dort wurden wir schon von der Schweizer und der Deutschen Presse erwartet, die uns interviewte und anschließend wurden mitten auf der Friedolinbrücke noch einmal Presse-fotos gemacht. Zuvor aber wurden vom Zoll unsere Pferde genau in Augen-schein genommen, damit ja kein falsches ausgeführt wurde, denn wir mussten ja für jedes SFR 1.000,- Kaution hinterlegen, und auf den Papieren waren genau Größe Farbe um besondere Kennzeichen sowie Rasse vermerkt. Nun gab es noch eine längere Verhandlung, da wir nach Italien über die grüne Grenze ausreisen wollten und deshalb schon den Ausreisestempel brauch-ten. Schließlich gab uns ein freundlicher Zöllner grünes Licht und wir konnten mit Einreisestempel und Ausreisestempel in die Schweiz einreisen bzw. ein-reiten. Nach einer kurzen Rast, bei der sich Reiter und Pferd stärkten, ging es weiter durch die Fricktaler Höhe, einer wunderschönen Hügellandschaft und weiter Richtung Schupfart. Kurz vor dem Ort kam ein böiger Wind auf und es donnerte und blitzte. Kaum hatten wir unser Regenzeug an, fing es auch an zu schütten und ein richtiges Gewitter ging über uns nieder. Im Dorf konnten

wir uns unter einem Vordach un-terstellen und Joseph, der schon leicht durchnässt war, konnte sich richtig anziehen. Bald aber war das Schlimmste vorüber und wir ritten ohne Regenzeug weiter. Etwas außerhalb trafen wir uns dann mit einem Schwei-zer, der uns einen kleinen Im-biss und Getränke verabreichte, wie es vorher schon geplant war. Es gab Würstchen, Bier

und
etwas zu trinken und einen sehr guten Zwetschgenschnaps. Nun ging es wei-ter in Richtung Anwil, wo die erste Übernachtung geplant war. Kurz vorher

trafen wir noch ein Pferdegespann und unterhielten uns sehr nett mit den Leuten. In Anwil übernachten wir bei einem Bauern, bei dem wir schon zwei Wochen vorher angefragt hatten. Kaum waren wir am Hof kam schon das nächste Gewitter, es donnerte und blitzte und es goss in Strömen, aber Gott

sei Dank waren wir im Trockenen. Der Bauer hatte extra die Scheune ausgeräumt in der Maschinen standen, so dass wir dort unsere Pferde unterstellen konnten. Vorher durften wir Sie noch auf einer kleinen Koppel draußen grasen lassen. Wir bekamen Kraftfutter für die Tiere, richteten unsere Nachtlager in der Scheune, meins so weit wie möglich von unseren beiden Superschnarchern, Werner und Joseph, entfernt. In einer kleinen Waschküche nahmen wir ein kleines Abendessen ein. Da 1. August war, der Schweizer Nationalfeiertag, krachte es an allen Ecken und Enden von Feuerwerkskörpern. Aber unsere Pferde berührte das Gejaule Gott sei Dank wenig. Da wir noch Hunger hatten, gingen wir in eine nahegelegene Gaststätte, in´s Gasthaus zum Pflug. Dieses war leider voll belegt, aber wir durften uns an den Stammtisch setzen und mussten zwar lange warten, aber das Essen war sehr gut. Außerhalb des Dorfes war ein Festzelt aufgeschlagen und es wurde getanzt. Werner und Joseph hatten noch nicht genug und gingen dorthin, um sich noch ein bisschen zu amüsieren. Ich war sehr müde und zog es vor, in meinem Heubett zu schlafen, nachdem ich vorher den Boden noch gründlich gereinigt hatte. Gegen ein Uhr kamen die beiden zurück. Da sie aber so viel Kaffee getrunken hatten, konnten sie die ganze Nacht nicht schlafen. Das Gute aber war, dass sie im Festzelt unsere Wirte trafen, mit denen die beiden getrunken und sich unterhalten hatten und von ihnen zu einem reichlichen Frühstück

Am2.Tag

mit selbst gebackenen Brot, selbst her-
gestellter Butter und selbst zubereiteter
Marmelade. In einer wunderschönen,
urigen, neu renovierten Bauernküche
mit Natursteinmauer. Wir verabschiedeten uns dann herzlich von unseren
Wirten, der Familie Schafferer und es
ging weiter. Wir wollten am zweiten Tag
den Pferden nicht allzu viel zumuten
und da wir viel Asphalt vor uns hatten,
gingen wir weite Strecken zu Fuß. Dabei verlor ich meine Kamera, die leider
nie mehr auftauchte, so dass wir vom
ersten Trag fast keine Bilder besitzen.

Als wir in der Nähe der Aare kamen,
begann es leicht zu regnen. Zum Glück
aber nicht viel. Werner musste natürlich seinen Poncho mitten auf der Kreu-
zung anziehen.

Bei Schönenwiler überquerten wir die
Aare. Anschließend hatten wir leichte
Probleme mit dem Weg, aber nachdem
wir Passanten gefragt hatten, fanden
wir den richtigen Weg nach Rohr, wenn

auch mit kleinen Zwischenfällen zu
unserem nächsten Ziel. Da wir großen Hunger hatten, suchten wir uns
ein Gasthaus und fanden auch
gleich eins. Im Bauernhof gegenüber fragten wir, ob wir die Pferde
für eine Stunde auf der Koppel grasen lassen dürften. Zuerst stimmte
die Frau zu, aber dann wollte der
Mann nicht, ließ sich dann aber
überreden und spendierte sogar

noch Heu. Zuerst banden Joseph und ich unsere Pferde am Silo an, um ab-
zusatteln. Dabei erschreckte sich Lucia und riss die Befestigung aus der Ver-
ankerung. Josephs Pferd spielte dann auch verrückt .Anschließend gab es
eine längeren Vortrag von Werner über das Anbinden von Pferden in seiner
sehr angenehmen und höflichen Art, wie wir sie so an ihm schätzen.

Dann brachten wir die Pferde auf die Koppel und gingen ins Gasthaus, wo wir ausgezeichnet zu Mittag aßen, besonders das Fleisch war weich und zart wie selten. Nun ging es weiter durch eine Art Voralpenland. Wunderschöne Bauernhöfe, alles sauber und eine herrliche Landschaft, durch die wir bis zum Abend ritten. Kurz vor Kölliken trafen wir eine Frau mit Tochter, die gerade ihre Pferde versorgt hatten. Von ihnen erfuhren wir die Adressen von zwei nahe gelegenen Bauernhöfen. Sie fuhren uns sogar dorthin und beim zweiten Bauernhof bekamen wir von einem sehr freundlichen Bauern Unterkunft. Wir konnten im Heu oben schlafen, die Pferde bekamen Kraftfutter und hatten hinten eine schöne Weide. Werner und Christina schliefen unter dem Vordach. Kaum hatten wir die Pferde untergestellt, fing es wieder an, stark zu

regnen. Nachdem die Pferde versorgt waren, so gegen 20:00 Uhr, kamen die Frauen wieder, da wir gemeinsam zu Nacht essen wollten. Leider waren alle Gaststätten zu, nur ein italienisches Restaurant war offen.

Dort aber gab es fast nichts zu essen, nur belegte Brote, Toastbrote, und als wir nachbestellen wollte und hieß es: nichts mehr da. Und das alles kostete SFR 88,-.

Anschließend wurden wir zurückgefahren und fielen todmüde ins Bett bzw. ins Heu

Montag, der 3. August

Um 6.30 ging die Melkmaschine los und als Werner noch laut andere Leute mit guten Morgen begrüßte, war die Nacht vorbei. Wir sattelten die Pferde, gaben ihnen Kraftfutter und verabschiedeten uns dann von den netten Besitzern. der Familie Hans Jung. Christina, eine Frau die auch zu-

fällig auf den Hof war und Kraftfutter für die Pferde zu kaufen erklärte sich bereit, unser Gepäck für eine Tagesreise mitzunehmen, da sie in der Nähe

wohnte. So konnten wir einen Tag ohne Gepäck reiten. Wir ritten durch eine wunderschöne Gegend, 15 km an einem Bach entlang, in denen riesige Forellen schwammen. Dabei hatten wir noch einen wunderschönen Galopp. Joseph ging mit seinem Pferd fast ohne Probleme zum ersten Mal ins Wasser, als wir im Bach die Fesseln der Pferde kühlen wollten.

Die Gegend erinnert an das Alpenvorland, alles schön sauber und leicht hügelig. Wir ritten bis Griesgen, und da wir großem Hunger hatten, machten wir eine Pause, denn wir konnten die Pferde auf einem Ponyhof unterstellen Giannina, ein nettes Mädchen, half uns dabei und wir luden sie ein in ein nahe

gelegenes Restaurant, neben einem Bahnhof. Dort konnten wir preiswert und gut zu Mittag essen, Rostbratwurst mit Nudeln. Anschließend ging es dann weiter bis oberhalb des Sursees. Nachdem wir vorher noch unser Gepäck aufgenommen hatten wollten wir vor einem Bauernhof eine Pause machen und vorher noch Proviant kaufen ,wobei es schwierig war, ein offenes Geschäft zu finden. Die freundli-

che Frau fuhr uns durch mehrere Ortschaften, bis wir ein Lebensmittelgeschäft fanden das offen war und wir einkaufen konnten.

Nach einem ausführlichen Vesper ging es weiter und wir kamen gegen 18:00

Uhr zu einem wunderschönen Bauernhof in Leidenberg. Die Besitzer waren sehr freundlich, die Pferde kamen auf eine riesige, große Weide, die voller Löwenzahn stand, was sie natürlich gerne fressen. Sie galoppierten herum und waren sehr übermütig. Man glaubt nicht, dass sie drei Tage lang harte Arbeit geleistet hatten. Wir bekamen

noch ein Bierchen spendiert und warmes Wasser zum Waschen. Wir sind sehr romantisch in einer alten Heuhütte untergebracht. Ich habe mich nach oben verzogen. Werner Joseph und Christina schlafen unten auf einem Wagen. Es ist wunderschön hier. Ich liege oben in meiner "Stube" und schaue zum "Fenster" hinaus. Alles ist still und die Silhouetten der Bäume zeichnen sich am Hintergrund ab. Man hört nur das Schnaufen der Pferde und das Rupfen des Grases. Im Moment kommen wir eigentlich ganz gut miteinander aus. Zwischendrin gibt es immer wieder Diskussionen um das Verhalten von Werner, aber dann kann man doch wieder mit ihm sprechen und es renkt sich wieder ein

4. August

Wir sind gerade unterwegs in Buchholz, im Löwen haben wir zu Mittag gegessen. Dort haben wir uns mit Bine, Ecke und Ada getroffen, die uns fehlende Sachen und Kraftfutter gebracht und auch wieder was mitgenommen haben. da wir viel zu stark beladen waren. Heute Morgen sind wir um 6:00 Uhr aufgestanden. Wir wollten früh weg, aber bis alles fertig war und es wurde auch viel geredet, war es 9:00 Uhr.

Außerdem bekamen wir noch heißen Kaffee von unseren freundlichen Wirten. Wir sind gemütlich weggeritten und genossen die herrliche Landschaft. Nach einer halben Stunde hört der Weg plötzlich auf und quer darüber ging eine neu gebaute Straße. Werner ritt voraus. Aber plötzlich versank er bis zu den

Knien im Schlamm und blieb mit Lucia in einem Schlammloch stecken. Da es in den letzten Tagen viel geregnet hatte, war der Boden, da er frisch zugeschüttet war, noch sehr locker und schlammig. Lucia versuchte, sich durchzuarbeiten, aber schaffte es nicht, fiel hin und geriet in Panik. Werner kam gerade noch aus den Sattel, wobei er sich aber eine Zerrung zuzog. Lucia kam dann Gott sei Dank alleine aus dem Loch heraus. Beim nächsten Bauern baten wir um Wasser und konnten unsere Pferde, die voller Schlamm bis zum Bauch waren, abspritzen. Von da an ging es weiter an vielen Kühen vorbei, aber weit und breit waren keine Pferde zu sehen, so dass wir auch kein Kraftfutter bekamen. Zum Glück konnten uns Bine und Ekke in der nächste Raiffeisenfiliale Kraftfutter besorgen,

Nach dem Essen stellten wir außerdem fest, dass Lucia starken Satteldruck hatte und wir wechselten die Pferde. Ich reite jetzt Tamino, Joseph reitet die Sina, Christina reitet auf Lucia und Werner reitet auf Moritz. Gegen 3:00 Uhr kamen wir in Wollhusen an und so mitten im Ort stand ein älterer Herr vor seiner Sattlerei. Wir kamen mit ihm ins Gespräch, sprachen über die Hitze und kühles Bier.

Plötzlich ging er in sein Haus, und holte vier Flaschen Bier und eine Flasche Sprudel für Christina und so waren wir zu einem kühlen Trunk eingeladen. Leider fing es dann an zu regnen und wir deckten alles mit dem Poncho ab, aber nach 5 Min hörte es Gott sei Dank wieder auf. Glück gehabt. Nun ritten wir weiter an der Straße entlang, bis eine Imbissbude vor uns auftauchte. Wir hatten Hunger, banden unsere Pferde an und gönnten uns eine Wurst und eine Cola und setzen uns an einen Tisch. Dort saß ein junger Mann, der Ernst Graber hieß. Er fragte uns woher wir kommen und erkundigte sich über die Pferde. Dann erzählte er, dass er auch Pferde habe, eine Stute mit der er sehr viel springt und Fohlen und seine Tochter sei eine begeisterte Reiterin. Und er habe Möglichkeiten, die Pferde unterzustellen und wir könnten auch bei ihm übernachten. Er zeigte uns genau den Weg, der dann etwas länger war, als wir erwartet hatten. Aber bald waren dort, bei einem wunderschönen Hof, idyllisch gelegen, nicht sehr groß aber mit großen Weideflächen. Gerade als wir dort ankamen kam auch er mit seinem Auto. Anschließend sattelten wir ab und wie gewohnt, fing es an zu regnen. Lucias Druckstellen waren nicht so einfach und wir rieben alle Pferde mit Essig ab. Werner sprach mit ihm und machte mit ihm aus, dass auch am nächsten Tag unser Gepäck transportiert wird. Ernst schlug vor, die Pferde zum Abkühlen der Fesseln in den Bach zu treiben. Wir trieben die Pferde hinein, aber irgendetwas brachte sie in Rage und sie rasten wie verrückt auf der Weide herum. Als wir sie auf die Weide stellten, machten sie einen müden und abgeschafften Eindruck. Kaum waren sie dort, tobten sie rum wie die Wilden, als hätten sie den ganzen Tag nichts zu tun gehabt. Es war ein herrliches Bild und sie wollten nicht mehr aufhören. Anschließend trieben wir sie an den Fluss, wo sie aber ausbrachen und den Fluss hinunter galoppierten.
Wir mussten den Fluss absperren und konnten sie nur mit Mühe und Not einfangen.. Unsere ganzen Gewissensbisse, wir hätten vielleicht die Pferde überlastet, waren mit einmal verflogen. Bestimmt auch eine Folge der täglichen Haferration. Wir packten unsere Sachen aus und richteten in unseren Schlafstellen ein. Ich legte mich etwas abseits ins Heu, um schnarchfrei schlafen zu können.

Anschließend gingen wir noch mit Ernst und seiner Freundin in einem Schweizer Restaurant sehr gut und preiswert essen. Besonders gefielen uns die schönen Steinkrüge, aus denen wir ausgezeichneten Tessiner Wein tranken. Beim Ernst gab es noch einen kleinen Gute Nacht Schnaps und dann nichts wie ab ins Bett.

5. August

Am nächsten Morgen zeigte Moritz wieder seine Schlitzohrigkeit, indem er außerhalb der Koppel graste. Statt des im Radio angekündigten schönen Wetters Regen, Regen, nichts als Regen. Außerdem noch eine Hiobsbotschaft: Christina ist krank. Werner rief daheim an und Sonja kam 4 Stunden später, um Christina zu holen. Werner wollte mir dann noch ganz genau erklären, wie man Zeitungsartikel schreibt und kritisierte an meinem Bericht herum. Dieser Holzkopf verursacht immer wieder Unfrieden und Ärger.

Wir entschlossen uns, am Mittag weiter zu reiten. Sina bleibt so lange bei Ernst, bis Christina wieder gesund ist. Wir hoffen, dass sie in vier Tagen wieder mit uns reiten kann. Leider ist es schlimmer, als wir anfangs dachten, denn sie musste brechen, wahrscheinlich ein Virus.

Nun ging es weiter zur Fingers, einem Bruder von Ernst. Er besitzt eine Käserei in Hof. Dort bekamen wir einen Schnaps serviert und dann selbst gebackenen Stollen sowie selbst gemachten Käse. Er schmeckt weich und mild, aber trotzdem gut gewürzt. Man kann es eigentlich gar nicht beschreiben.

Es war einer der besten Käse, die ich je gegessen hatte. Joseph kaufte gleich ein. Die Tochter von Ernst, bei dem wir ja letzte Nacht übernachtet hatten, begleitete uns auf dieser Tagesetappe. An diesem Abend werden wir dann von unserem Begleiter, Herrn Faller erwartet der uns bis nach Rom begleiten wird, leider sagte er am Abend wieder aus familiären Gründen ab. Wir sind nun auf dem Wege Richtung Flueli. Ich habe etwas Probleme mit der Gewichtsverteilung des Gepäcks, scheinbar bin ich etwas zu rechtslastig und muss mein Gewicht mehr nach links verteilen, um Druckstellen zu vermeiden. Gerade ist Joseph dabei, sein Tagebuch in Form von Abrechnungen zu schreiben.

Interview: Na, Joseph wie siehst du denn die ganze Sache hier?

Ich sehe das ganz optimistisch, wir haben noch ein paar Mark in der Kasse, DM 19,- und 75 Pfennig. Das muss noch mindestens 14 Tage reichen und dann sind wir in Italien und rechnen nur noch mit Hunderttausendern."
In Schupfheim machten wir eine

größere Rast und banden die Pferde gegenüber einem Gasthaus an, alle vier, was schon etwas Aufsehen erregte. Als wir am Tisch saßen, kam ein alter Kavallerist dazu, der sich in der Gegend sehr gut auskannte und mit Werner gleich über die Karte fachsimpelte und die von Werner ausgewählte Route lobte. Gegen 7:00 Uhr kamen wir in Flueli an und gingen zum Ponyreiterhof Pegasus, den wir schon ausgekundschaftet hatten, als wir den Sattelpass erkundeten. Die Pferde wurden abgesattelt, mit Essigwasser eingerieben und kamen auf ein Hirschgehege. Die Hirsche hatten zwar schon fast alles abgeweidet, ließen aber eine Sorte Gras stehen, das Riedgras, das den Pferden ausgezeichnet schmeckte.

Heute Abend kommt Heinrich, ein Bekannter von Werner, mit dem er früher oft geritten ist und transportiert unser Gepäck über den Sattelpass. Wir werden jetzt noch im Gasthaus Stutz zu Abend essen und ein Zimmer für Heinrich suchen. Dort gab es eine ganz originelle Wirtin. Wir hatten Raclett bestellt. Da meinte sie sie müsse dann aber noch die Kartoffeln aufsetzen, ob wir nicht etwas anderes wollen und darauf **entschlossen wir drei uns, alle Schnitzel mit Pommes frittes zu**nehmen. Nun war die Wirtin zufrieden. Heinrich kam mit sei-

ner Frau und wir unterhielten uns ganz nett. Am Nebentisch war eine Jugendgruppe mit einem jungen Priester. Wir dachten zuerst, er wäre ein Priester, weil er eine Soutane an hatte, aber dann stellt sich heraus, dass er Theologie studierte und einer orthodoxen Richtung angehörte. Müde gingen wir dann zum Ponyhof zurück. Ich hatte mir eine Stelle in einem kleinen Speicher ausgesucht, abseits von den Schnarchern und schlief tief und fest, bis

Am 6. August

Um 7.00 Uhr morgens, wurde ich durch das Geschrei der Kinder, die dort Ferien verbrachten, aufgeweckt. Die anderen schliefen auf dem Zementboden eines Lager-

raumes. Die Rasur am Brunnen war äußerst schwierig, weil das Wasser sehr weich war. Heinrich lud unser Gepäck ein und ich musste Lucia ohne Sattel reiten, der Satteldruck war nicht viel besser geworden. Der Himmel ist wolkenlos und es wird sehr heiß werden. Mal schauen, was uns erwartet. Besonders, wie wir den Zaun überwinden können, den wir bei unserer Erkundung entdeckt hatten und über den wir unbedingt passieren müssen.

In unserer Hirsch Pension war es ganz gemütlich, wenn auch die Nacht sehr kalt war. Am Morgen, nach vielem Reden, Einpacken, Auspacken und Umpacken sind wir endlich um 10:00 Uhr fortgeritten. Und nun ging es los, Richtung Sattelpass. Kurz vor dem steilen Aufstieg kamen wir an einem Bauern vorbei, den wir freundlich grüßten. Dann ritten wir in einen wunderschön gelegenen Hof, der ganz leer war. Wir mussten noch eine Stange öffnen da die Durchfahrt verschlossen war. Auf einmal hörten wir ein lautes Schreien von hinten. Der vorher so freundliche Bauer kommt mit dem Traktor hoch gerast Und schimpfte wie ein Rohrspatz:"Was sind denn das für Idioten. Immer diese Scheiß-Touristen."

Ich lief ihm etwas entgegen, um ihn zu beruhigen und erklärte, dass wir den

Weg zu Fuß schon abgegangen sind, ihn also schon kennen.

,Nach langem herumfuchteln und schimpfen sagte er dann: "Na ja versucht´s halt". Und wir versuchten es. Der Weg war sehr steil und voller Steine. Zum Glück hatte die Sonne ihn etwas getrocknet, einen Tag vorher hätten wir es wahrscheinlich nicht geschafft, da der Weg auch sehr lehmig war.

Es war sehr heiß und mir schwitzten ziemlich. Es ging über Stock und Stein, über eine grüne Wiese und dann war der Weg zu Ende. Denn er war durch einen 4 fachen Weidezaun versperrt, den man nur über eine Leiter überwinden konnte und der außerdem noch elektrisch geladen war.

Die oberen zwei Reihen Stacheldraht wurden vorsichtig abgehängt, der geladene Draht wurde langsam niedergedrückt und wir versuchten, mit Lucia darüber zu gehen. Leider drückten wir die beiden unteren Drähte nicht tief

genug auf den Boden und Lucia blieb mit den Vorderhufen darin hängen, der Draht verfing sich im Hufeisen und sie geriet in Panik. Zum Glück konnte sie sich aber wieder, bevor sie größeren Schaden an richtete, befreien, aber sie war nicht mehr zu bewegen, darüber zu gehen. Wir drückten nun den Draht weiter runter und konnten ohne Probleme mit Moritz und Tamino den Draht passieren. Schließlich, nach langem Zureden und als wir langsam mit den anderen Pferden weitergingen brachten wir Lucia auch dazu, ihnen zu folgen. Und nun ging es sehr steil den Berg hinauf, über

große Steine, über riesige Wurzeln und es war fast wie ein Wunder wie die Pferde durch kamen, ohne sich etwas zu brechen. Es war ziemlich an der Grenze des Möglichen, aber zurück wäre es noch schlimmer gewesen.Dann kamen wir an eine sumpfige Stelle, die nur über Baumstämme zu überquern war, für die Pferde unmöglich zu passieren.

Nach längerem Suchen fanden wir

eine Umgehung. Nun ging es wieder eine Zeitlang bergauf bis
Dann kamen wir an eine sumpfige Stelle, die nur über Baumstämme zu überqueren war, für Pferde unmöglich zu passieren. Nach längerem Suchen fanden wir eine Umgehung. Nun ging es wieder eine Zeit lang steil hinauf bis an
eine Stelle, an der der Weg durch einen Erdrutsch abgebrochen war. Es war
nur noch ein sehr schmaler Pfad übrig. Wir spannten eine Leine zum Abgrund
hin und Moritz schaffte den Weg zur anderen Seite. Lucia aber weigerte sich,
weil ein Teil ziemlich weit abgebrochen und schlammig war, sie hatte ja auch
das Abenteuer mit dem Schlammloch

hinter sich. Sepp und ich mussten
dann diese Stelle weiträumig umge-
hen und weiter oben trafen wir uns
wieder, kurz vor dem Sattel und waren heilfroh, als wir dann endlich
oben waren. Dort sahen wir ein
Schild auf dem stand: ALPENWIRT-
SCHAFT". Natürlich ging es sofort
dorthin. Eigentlich wollten wir nur
kurz etwas trinken, aber daraus wurden dann 3 Stunden. Die Pferde
konnten grasen und hatten frisches
Wasser. Wir trafen dort nette Leute
(Familie Schrankmann, welche die
Alm bewirtschaftete und andere Ein-
heimische), probierten verschiedene Schnäpse aus und tranken natürlich
Bier zum Vesper.Moritz, auf seinem Hinterteil sitzend, spielte wieder Jolly
Jumber und schaute sich die Gegend an, nachdem er sich gewälzt hatte.
Die Sonne lachte, es war warm und wir wären am liebsten überhaupt nicht
mehr weitergezogen. Redeten über Gott und die Welt, entdeckten, dass viele
der Probleme vergleichbar mit den unseren daheim waren (Quellwasser, was

die Gemeinde nicht anerkennen wollte und so weiter). Bürokratie gegen Vernunft Zum Schluss spendierte uns der Wirt, der ein alter Kavallerist war, noch eine Lage Schnaps und Kaffee und einen Stumpen und lud uns ein, die Nacht bei ihm daheim zu verbringen. Wir sagten zu.

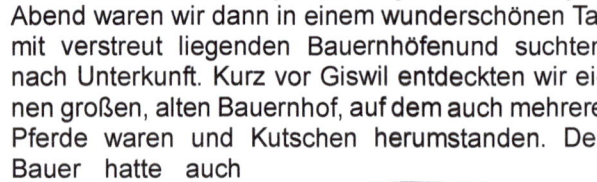

Nun ging es gemütlich ins Tal hinunter, Werner telefonierte mit Deutschland und wir freuten uns schon auf den Abend mit den netten Leuten. Irgendwann merkten wir, dass uns Werner in eine ganz andere Richtung wie ausgemacht führte.

Er behauptet immer wieder, wir wären richtig bis er dann herausrückte, er wollte nicht zu den Leuten, das wäre ja ein Umweg (was es nicht war) und so war Ärger vorprogrammiert. Gegen

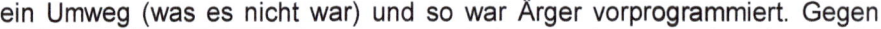

Abend waren wir dann in einem wunderschönen Tal mit verstreut liegenden Bauernhöfenund suchten nach Unterkunft. Kurz vor Giswil entdeckten wir einen großen, alten Bauernhof, auf dem auch mehrere Pferde waren und Kutschen herumstanden. Der

Bauer hatte auch ein kleines Museum eingerichtet in einem alten Kornspeicher mit vielen Geräten und Erinnerungen an früher.

Dort fragten wir nach Unterkunft für die Pferde, denn wir wollten uns nach einer Woche einmal wieder richtig duschen können und in einem Gasthaus absteigen. Wir durften die Pferde dort lassen und nachdem wir sie versorgt hatten, fuhr uns der Bauer zum Hotel Krone, welches wir uns vorher angeschaut hatten. Wir freuten uns so richtig auf die Zivilisation, eine Dusche und ein frugales Abendessen und ein bequemes Bett, was wir auch in dieser Reihenfolge absolvierten.Zwar fielen wir etwas negativ auf zwischen den gut gekleideten Gästen mit unserer etwas verrumpfelten Rei-kleidung, aber das störte uns nicht im Geringsten. Wir lernten noch zwei junge Damen kennen, die selbst Isländer hatten und schon viele Wanderritte (im Schwäbischen Jura) unternommen hatten, so ging uns der Gesprächsstoff nicht aus.

Leider musste ich mich zurückziehen um den Zeitungsbericht zu schreiben, den wir dann am nächsten Morgen gemeinsam besprachen. Müde und sauber fielen wir ins Bett.

Der 7. August

Gegen 8 Uhr frühstückten wir, besprachen den Zeitungsartikel, wobei Werner wiederum einen langen Vortrag halten wollte, wie man Artikel schreibt und dann fuhr uns die Empfangsdame zu unseren Pferden. Dort besichtigten wir noch fast 30 Min. lang das kleine Museum, verab-

schiedeten uns von den freundlichen Bauern und gegen 9.45 Uhr ging es

durch ein weites Tal dem Brüning Pass entgegen. Aber wir fanden den Einstieg nicht.

Wir gingen dann quer einige steile Matten hoch und kamen dann glücklicherweise auf den richtigen Weg, der dann in eine Straße mündete.

Dieser folgten wir und kamen dann zu einem wundervollen See, dem Lungernsee, dessen tiefblaue Farbe uns sehr beeindruckte mit einem wunderbaren Ausblick auf mehrere Gletscher und bis zum Brienzer Rothorn. Es war eine Wahnsinnshitze und wir machten bei einem Gasthaus Mittagspause,

tränkten die Pferde und ließen sie unter Bäumen grasen, während wir uns ein gutes Mittagessen (Cordon bleu und Eisbecher) leisteten.

Gegen 14 Uhr ging es weiter, einen wunderschönen, romantischen Weg, der neben einer Bahnstrecke entlang ging. Unterwegs überholte uns auch ein Zug, wobei Tamino ein bisschen Spirenzchen machte. Bis zum Brünigpass

mussten wir leider viel Asphalt laufen, dann fanden wir eine romantische Nebenstraße und über Hüsliberg ging es Ri. Meiringen.

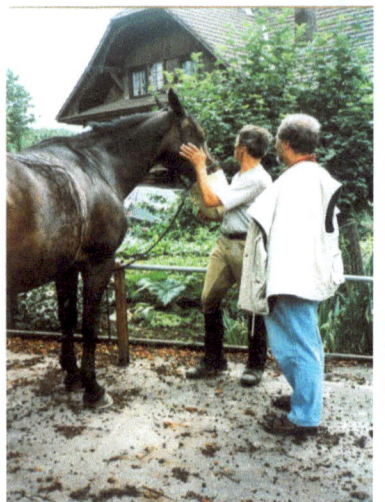

Weniger schön war dabei die Hitze, die

Mensch und Pferd sehr zu schaffen machte. An einer kleinen Kapelle, bei der wir die Pferde tränkten und wir uns erfrischen konnten, gab es eine kleine Pause. Die Landschaft war wundervoll, durchsetzt von kleinen Heuhütten, leicht hügelig, so richtig verwunschen, so richtig zum Verweilen,

Wir aber mussten weiter und kamen dann nach Meiringen. Dort fragten wir, ob hier jemand Pferde habe und bekamen die Adresse von einem Herrn Mohr. Gegen 17 Uhr kamen wir dort an .Es war ein ziemlich großes Anwesen und Herr Mohr war Sammler von Feldgeschützen, Feldküchen und Kutschen(die älteste ist über 250 Jahre alt und er macht damit noch Hochzeitsfahrten. Wir mussten ca 1/2 Stunde warten, da er an diesem Nachmittag auch eine Hochzeitskutschenfahrt hatte. Herr Mohr war auch Wanderreiter, kannte die ganze Umgegend und hatte auch schon den Griespass und den Grimselpass abgeritten und fand ihn nicht zu schwierig. Er ist ein richtiger Pferdenarr.

Wir bekamen kostenlos Unterkunft. Leider musste er abends weg, der monatliche Kegelabend, was er sehr schade fand. Abends gingen wir dann noch im Ort essen, leider konnten wir nicht in Deutschland anrufen, weil Werner seinen Akku vergessen hatte.

Der 8. August

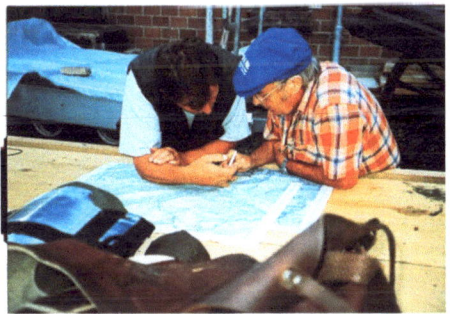

Am Morgen wurden wir zu einem tollen und reichlichen Frühstück auf der Veranda eingeladenund nach reichlichem Kartenstudium ging es weiter Richtung Grimselpass, abseits der Straßen,

über die Aare auf einer schmalen Holzbrücke und der Weg schraubte sich immer höher, an einsamen Höfen vorbei. Es wurde wieder sehr heiß, wir schwitzten wie verrückt aber da wir erst gegen 9.30 Uhr wegkamen, mussten die Pausen knapp bleiben. In Ennertkirchen machten wir Rast und fanden eine Wirtschaft, wo sogar noch Ringe zum Pferde-anbinden vorhanden waren.

Die Wirtin, eine alte, aber sehr vitale Frau, war ganz begeistert, dass Leute

mit Pferden zu ihr kamen. Sie war pferdebegeistert so wie auch ihr verstorbener Mann. Nach einer kurzen Pause ging es etwas erfrischt weiter Richtung Guttannen. Unterwegs in einem wunderschön gelegenen Weiler mit tollen, alten Holzhäusern trafen wir den Ernst aus dem Enzlibuch mit seiner Freundin, die mit dem Motorrad unterwegs waren.

Gegen 17 Uhr kamen wir in Gutstannen an, banden die Pferde mit einem Strick quer über eine Seitengasse und warteten auf Christina und Sina, die an diesem Abend wieder zu uns treffen

sollten, da Christina wieder gesund war. Wieder gab es Schwierigkeiten mit Werners Handy, welches nicht funktionierte, so dass wir zu ihnen keine Verbindung hatten. Sie kamen dann aber mit zweistündiger Verspätung. Als Moritz und Lucia den Hänger sahen, wieherten sie laut.

Sina natürlich auch und Lucia riss den halben Strick aus der Befestigung, so raste sie herum vor Freude.

Sina wurde ausgeladen und als wir vor dem Gasthaus Adler standen und die Pferde gerade anbanden, kamen zwei Mädchen um die Pferde anzuschauen. Sepp unterhielt sich mit ihnen und fragte sie dann auch nach einer Unterbringungsmöglichkeit für unsere Pferde. Ein Mädchen meinte, dass es bei ihnen bestimmt möglich

sei, sie müsse aber nachfragen. Gleich darauf kam sie zurück und sagte, die Eltern seien einverstanden und wir kamen dann zu einer sehr netten Familie.

Er ist Ingenieur beim hiesigen Kraftwerk.

Es waren große Wiesen vorhanden, wir konnten unser Lager aufschlagen, hatten Wasser, konnten uns waschen und es gab auch gute Übernachtungsmöglichkeiten für uns.

Wir wurden dann zu einem Umtrunk eingeladen und saßen bis nach Mitternacht zusammen.

Der 9. August

Am nächsten Morgen wurden wir zum Frühstück eingeladen, konnten duschen und der Besitzer schlug uns vor, ob wir nicht bei Ihm einen Tag Pause einlegen wollten.

Das war uns nach den vergangenen Strapazen sehr recht.

An Nachmittag fuhren wir den Grimselpass hoch und er zeigte uns den

Weg, den wir mit den Pferden gehen können und dann durften wir das Kraftwerk besichtigen. Dies ging 2,5 km unter den Grimselsee hindurch, was wir mit dem Auto abfuhren, bis wir zu den riesigen Turbinen kamen, Auch zeigte er uns

eine wunderschöne Höhle mit Kristallen, die bei den Erdarbeiten entdeckt und

konserviert wurde. Anschließend gingen wir zurück zum Aufräumen und Vorpacken für morgen.

Der Rest des Tages wurde gefaulenzt und abends haben wir Hans und Doris zu einem reichlichen Abendessen eingeladen, welches bis Mitternacht anhielt.

Der 10. August
Wir standen auf, als es gerade anfing zu dämmern. Wir verabschiedeten uns

von unseren freundlichen Gästen und nun geht es, meistens zu Fuß, weil der Weg so steil ist, den Grimselpass entgegen und freuen uns schon auf unser

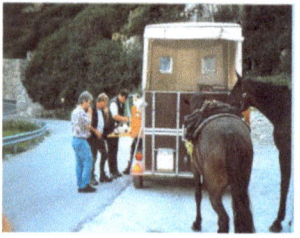

Frühstuck, was gegen 9 Uhr stattfinden soll.
Gerade kommen wir an einer Stelle vorbei, wo eine Gruppe Jumping von einer Brücke aus macht.
Um 9 Uhr gibt es Frühstück, denn wir haben jetzt einen Begleittross, bestehend aus Ewald Fricker und..........

Das ist schon eine tolle Sache, Frühstück am verabredeten Treffpunkt in halber Höhe vor dem Grimselpass. Endlich klappt mal die Organisation. Es gab Speckeier, kühles Bier und frisch gestärkt geht es dann weiter. Das ist schon eine tolle Sache, wenn man nicht stundenlang bis zum nächsten Gasthaus warten oder dauernd ein Haufen Verpflegung mitschleppen muss. Auch die Pferde haben das halbe Gepäck und hof-

fentlich wird nun bald das Satteldruck-problem mit Lucia endgültig der Vergangenheit angehören.

Die nächste Rast, vor dem steilen Anstieg, machen wir jetzt am Grimselstausee.

Wir laufen jetzt auf der Bundesstraße, da auf dem Fußweg nicht mit den Pferden weiter kamen, der Übergang über einen Bach war zu glitschig, durch den Bach konnten wir nicht, denn der Abhang war zu steil.

Die Pferde haben zum Glück keine Probleme mit den großen LKWs, die vor-

beidonnern, nur ab und zu gibt es Probleme bei den hochgezüchteten Rennmaschinen, die mit einer Affengeschwindigkeit an uns vorbeibrausen. Im Moment sind die Temperaturen noch ideal, da wir noch auf der Schattenseite hochgehen. Drei Stunden später muss es hier brutal sein. Oben am Grimselpass erwartete uns eine Wahnsinnshitze und wir machten Mittagspause. Es war so heiß,

dass wir alle unsere Planen für ein Schutzdach für die Pferde zusammenbanden, so dass wir alle Schatten hatten.

Die Pferde bekamen Hafer und genügend zu trinken und immer durfte ein Pferd frei grasen. Auch wir bekamen unser Mittagsessen.

Wegen der Hitze lassen wir den Nachmittag verstreichen und gegen 16 Uhr

geht es weiter, den alten Saumtierpfaden entlang (Schmugglerpfade), am Totensee vorbei,
der aber nicht einfach zu reiten ist, Sehr steinig, voller Furchen. Dann, nach
ca 1 Stunde, begann der Abstieg. Der war schwieriger und wir brauchten dazu
mehr Zeit, als wir erwartet hatten. Weiter unten war er leider nicht mehr begehbar und wir mussten wieder auf die
Straße

Im Augenblick überqueren wir ein Fluss-
bett, der Weg wird immer schwieriger und
Werner erkundigt sich gerade bei Wande-
rern, die uns entgegenkamen, ob der Weg
mit Pferden zu passieren sei. Nach ein
paar kniffligen und engen Stellen wird der
Weg wieder breiter. Wir sind heilfroh, uns
wieder etwas entspannen zu können.

Jetzt haben wir einen wunderschönen Weg, das Tal hinunter nach Obergestenen mit einer herrlichen Weitsicht.

Langsam wurde es immer dunkler, bis wir kaum
noch die Hände vor den Augen sehen konnten und
erst gegen 23.30 Uhr kamen wir in Obergestenen
an,
wo unser Trupp eine Übernachtungsmöglichkeit gefunden hatte. Die Bauern waren sehr freundlich und
die Pferde hatten eine riesige Koppel.

Bis die Pferde versorgt waren, wir etwas gegessen
hatten und wir unser Nachtlager aufgeschlagen hatten, war es weit nach Mitternacht.

Der 11. August

In der Morgendämme-
rung standen wir auf, um
den Weg über den Grie-
spaß zu nehmen.
Der Bauer aber, bei dem
wir übernachtet hatten,
riet uns davon ab, da un-
sere Rösser für diesen
Weg zu groß wären, es
wäre viel zu gefährlich.
Deshalb werden wir jetzt
den Umweg über den
Simplonpass nehmen.
Wir reiten nun ein langes
Tal entlang auf einem

wunderschönen Reitweg, Wälder, Bäche, überall wunderschöne, alte Holz-
häuser, eine Idylle und ein Genuss zu rei-
ten. Gegen Mittag wurde es wieder un-
menschlich heiß. (35 Grad)
Weit und breit keine Unterkunft für die
Tiere außer einer alten Heuhütte, in der
die Pferde dann zwar optimal untergebracht waren, wir aber keinen Platz mehr
drin hatten und deshalb draußen im Freien

schwitzten und schwitzten.
In den letzten Tagen wurde die Stimmung
leider immer   mieser wegen Werners Rum-
nörgelei.Heute war das Maß voll. Alle wehr-
ten sich gegen seine Anmaßungen, es kam
zu einer längeren Aussprache.
Na ja, mal sehen ob das was bringt. Immerhin ist er im Moment wieder ansprechbar.
Gegen 8.30 kamen wir an einen Camping-
platz(Gran Giols), in dessen hinterem Teil

neben einem Fluss, der wenigstens etwas Erfrischung brachte, wir biwakieren
konnten. Da es keinerlei Zäune gab, mussten wir die Pferde festbinden und
Nachtwache abhalten. Gegen Mitternacht war alles unter Dach und Fach, ab-
züglich Nachtwache gab es wiederum nur 4 Stunden Schlaf.

Der 12. August
In der Morgendämmerung aufstehen, Zelt abbauen, Pferde richten, frühstücken und dann geht es wieder weiter, einen wunderschönen Weg dem Tal entlang Richtung Brieg.
Moritz hat scheinbar zu viele Kräfte, dauernd hampelt er herum. Wie schafft er es noch?

Wir haben jetzt einen sehr steilen Anstieg hinter uns
und in einem kleinen Örtchen namens Termen, einem wunderschönen, romantischgelegenen Dorf haben wir eine Pause gemacht

nachdem wir in dieser Wirtschaft etwas zu uns genommen und ausgeruht
hatten, ging es in der größten Mittagshitze weiter. Nun kam ein weiterer,

steiler Anstieg. Als es zu heiß
wurde, suchten wir einen schattigen Platz, sperrten die Straße
mit 2 Heuballen und vesperten
gemütlich beim Begleitfahrzeug.

Wir reiten jetzt oberhalb von Brieg, das schon weit unten im Tal liegt und jetzt hat für uns der Anstieg zum Simplon begonnen. Wir kamen an Hasel 2 vorbei und

an der Kirche ging es fast senkrecht den Berg hoch, aber Pferd und Reiter schafften es bravourös. Der Weg war wunderschön und so ging es Richtung Simplon weiter. Gegen Abend kamen wir in ein romantisch gelegenen Tal zu einem Holzsägewerk, was im Moment nicht in Betrieb war. Der ideale Platz zum Übernachten, Wasser genug vorhanden, Weide für die Pferde und deshalb bleiben wir. Wir versorgen die Pferde und kochen uns ein frugales Abendessen.

Ich lege mich mit meinem Schlafsack ins Freie, es war ja abends auch noch herrlich warm und schlafe ruhig und friedlich unter einem wunderschönen Sternenhimmel ein.

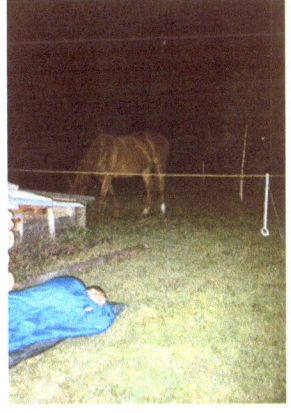

Am 13. August

In aller Frühe standen wir auf, frühstückten, machten die Pferde fertig und weiter ging's Richtung Simplon. Wir rechneten mit einem gemütlichen Dreistundenritt, aber:der Weg wurde immer schmaler und enger, bis wir an zwei Holzbrücken kamen die so glitschig waren, dass wir mit den Pferden nicht hinüber konnten.

Also wieder zurück, was nicht einfach war, denn der Weg war sehr schmal und ging steil zum Bach herunter, aber wir schafften es. Werner fand dann auf der Karte einen Ausweichweg, der ca 3km vor dem Brenner auf die Strasse führen sollte. Der Weg war zwar sehr schmal, schwieriger als der vom Sattelpass, aber noch machbar. Nach einer Stunde kamen wir zu einer Alm, die ja auch einen Zugang haben musste,

Wir fanden aber nichts und blieben deshalb auf dem Weg. Der Weg ging unterhalb der Alm vorbei und wurde immer enger und enger. Wir trauten der Sache nicht mehr und Werner ging voran, um den Weg zu erkunden und band Lucia an. Als er außer Sichtweite war, wollte sich Lucia auf dem sehr schmalen Weg umdrehen und kam dabei mit den Hinterfüßen vom Weg und begann talabwärts abzurutschen, konnte sich aber gerade noch mit einem Huf abfangen. Das war knapp vor einem Absturz. Das ging alles so schnell vor sich, dass wir gar nicht reagieren konnten und der Schreck saß uns noch lange in den Knochen. Das wäre das vorzeitige Ende gewesen, denn der Abhang war so steil, einen Absturz hätte Lucia nicht überlebt.

Nach 5 Minuten kam Werner zurück und erklärte, dass der Weg für uns nicht mehr begehbar sei.Nun mussten wir umdrehen. Lucia, unser größtes und schwerstes Pferd, musste zuerst umgekehrt werden. Sie wurde hinten mit einem Seil gesichert, etwas den Hang hochgetrieben und mit Ach und Krach, bei dem einiges Geröll losgetreten wurde konnten wir sie

in die Gegenrichtung bringen, bei den anderen war es etwas einfacher, sie waren leichter und kürzer. Nun gingen wir einen Steilhang zu einer Alm hoch, die oberhalb des Weges zu sehen war, denn da oben muss es ja irgendeine Zufahrt geben. Wir wechselten uns abwechselnd in der Führung ab und keuchten nach oben so steil, wie es man sich fast nicht vorstellen kann. Aber auch dort oben gab es nur einen ganze schmalen Zugangsweg, der außerdem genau in die Gegenrichtung führte, in die wir mussten. Wir arbeiteten uns weiter im Zickzack in senkrechter Linie von Matte zu Matte den Berg hoch und auch nach längerer Zeit war nirgends ein Weg zu sehen.

Wir legten eine kleine Rast ein und ich erkundete dann zu Fuß eine Möglichkeit und endlich, bei einer höher gelegenen Hütte, fand ich endlich einen normalen Fahrweg. Wir waren heilfroh, endlich aus diesen Irrungen herausgefunden zu haben, denn ein Zurück gab es nicht, dafür waren die Hänge viel zu steil und für die Pferde zu rutschig.

Nun waren wir auf einem wunderschönen, breiten Weg und kamen bald zu

einem Gasthaus.

Die Wirtin war happy, Leute mit Pferden zu sehen und war ganz aus dem Hause. Sie spendierte uns eine runde Williams, wollte auf einem Pferd fotografiert werden

Die Pferde wurden versorgt und wir gönnten uns auch eine Stärkung.

Nun ging es die Straße zum Simplon Pass hinauf. Es war ein reger Verkehr, besonders viel Lastwagen und Motorräder, die Pferde hielten sich aber bravourös. Kritisch aber war es bei den überhängenden Steinschlagsicherungen, bei denen nur die Talseite begehbar war. Dort dröhnten besonders

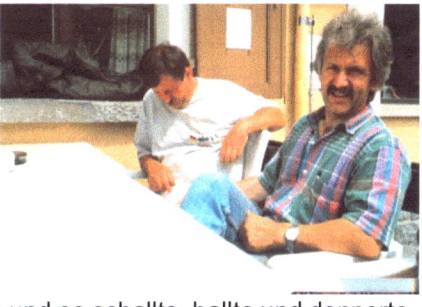

ders die LKWs und es schallte, hallte und donnerte so laut, dass man sich überhaupt nicht mehr verständigen konnte. Ich ging als letzter und zeigte immer mit einem handgemalten Warnschild an, die Autos sollten wegen den Pferden langsamer machen, 90 % hielten sich auch daran, andere gaben leider noch extra Gas. Es war fast wie ein Wunder, wie wenig beeindruckt sich die Pferde zeigten.

Endlich waren wir auf dem Simplon Pass oben. Die Hotelmanagerin war sehr freundlich. Die Pferde wurden versorgt, kamen auf eine eingezäumte Koppel und auch wir bekamen unser wohlverdientes Mittagessen. Gegen 14 Uhr ging es dann weiter Richtung Simplon Dorf und wir suchten dort einen Übernachtungsplatz. Bei einem Bauern fanden wir eine Bleibe, direkt neben der Straße ging es links zu einem größeren Platz, auf dem wir die Zelte aufschlagen konnten und auch die Pferde zu genügend Gras zu Fressen hatten und tiefer floss ein kleiner Fluss vorbei. Nachdem wir alles aufgebaut hatten, fing es gleich an zu regnen und zu stürmen und es wurde kalt Jürgen brachte aber

ein gutes Abendessen auf den Tisch, es war eine Art Segediner Gulasch und ich musste noch den nächsten Zeitungsartikel schreiben, während die anderen schon schlafen gingen. Die ganze Nachte stürmte und tobte es, so dass kaum an Schlafen zu denken war und ich war froh, dass der Wind nicht mein Zelt mit sich riss

Am 14. August – Übergang nach Italien

Aufstehen, zusammenpacken, frühstücken und dann weiter in Richtung Gondo, dem Grenzort nach Italien.

Zuerst ging es der Straße entlang und dann einen wunderschönen, alten Säumerweg weiter, derdann eine Straße überquerte und einfach aufhörte.

Fast eine halbe Stunde suchten wir eine Möglichkeit, weiterzukommen, bis dann Sepp 200 m weiter auf der Straße einen Weg entdeckte und ihn erkundete. Er meinte, es wäre nicht leicht, aber zu schaffen. Es ging dann auch sehr steil einen Hang hinunter durch einen Wald, die Pferde rutschten dauernd und dann kam noch eine sehr schwierige Strecke voller

Gestein, dann noch ein größerer Graben, über den die Pferde springen mussten, aber wir brachte alle hinüber und hatten dadurch doch einen größeren Umweg gespart. Nun kam eine langweilige Strecke bis oberhalb Domodossola und von dort aus weiter Richtung Zoll. Ein langweiliger, mühseliger Weg. Straße, Straße, Straße. Hitze, Hitze, Hitze, alles Asphalt, der die Hitze zurückstrahlt und schwitzen, schwitzen, schwitzen.

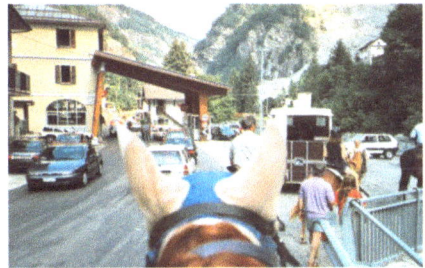

Kurz vor der Grenze erwartete uns die Presse, das Walliser Tagblatt. Es wurden Fotos gemacht, wir standen in der prallen Hitze und warteten, bis Werners Endlosinterview beendet war.

Durch die lange Wartezeit in der Hitze war die Stimmung ziemlich gereizt. An der Grenze ging es relativ schnell, nach einer halben Stunde durften wir passieren. Kurz nach der Grenze wurden wir von einer Frau zu einem Bier eingeladen, die in einem halbverfallenem Berghaus, fast einem Schloss wohnte, vor dem wir das kühle Nass im Schatten des Hauses genießen konnten.

Nachdem wir problemlos durch den Zoll kamen,

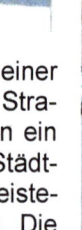

ging es weiter. Nach einer größeren Pause am Straßenrand kamen wir in ein wunderschönes Städtchen, Varese, und leisteten uns dort ein Eis. Die Pferde konnten wir an Eisenstangen festbinden. Wir ritten dann weiter, bewunderten das Städtchen und wegen der tollen Motive machte Sepp Fotos.

Dadurch wurde unsere militärisch korrekte Reihe etwas aufgelöst. Auch wurde der Verkehr etwas behindert, aber es lief alles reibungslos. Kaum waren wir aus dem Ort draußen, fing Werner an, ein Theater zu machen ,wir würden mit unserem Durcheinander einen schlechten Eindruck hinterlassen .Sepp hatte jetzt die Nase so gestrichen

voll dass er sagte, so was bräuchte er sich nicht gefallen zu lassen, er würde den Ritt abbrechen.

Gegen Abend fanden wir Unterkunft bei einer Spanierin, mit der ich mich gut unterhalten habe. Auf dem Grundstück neben ihrem Haus konnten wir unsere Koppel aufbauen und den Hänger hinstellen.

Am Abend gingen wir noch ein Glas Wein trinken in einem Restaurant. Der Inhaber betrieb es als Hobby. Es waren mehrere nette, junge Leute da, wir

aßen noch zu Abend und setzten uns zusammen und redeten mit Händen und Fußen, weil wir uns sonst fast nicht verständigen konnten. Es wurde aber eine lustige Runde und ich spielt noch Gitarre dazu, wobei das Schwierigste war Lieder zu finden, die wir gemeinsam singen konnten. Es war auf jeden Fall sehr lustig und hatte allen viel Spaß gemacht.

Am 15. August

Nach dem Frühstück setzten wir uns zwei Stunden zusammen wegen Abbruch oder Weitermachen. Werner erklärte, das Führen würde ihn so stressen und es sollte doch jemand anders machen.

Sepp sagte zu, noch eine 'Woche probehalber mitzumachen und dann aus-

zusteigen, wenn es nicht besser würde.

Gegen 10 Uhr ging es dann weiter, ich sollte die Führung übernehmen und Karten lesen, was aber wirklich sehr anstrengend ist. Jetzt sind wir in Villadossola und machen Mittagspause. Unten fließt ein Fluss vorbei.

Wir ließen an einer Mauer ein Seil runter, so dass wir runterklettern konnten und im Wasser baden. Die Pferde konnten unter Bäumen grasen. Das Wasser war wunderbar und wir sind jetzt etwas erfrischt in dieser großen Hitze und ich werde versuchen, etwas zu schlafen.

Hier in Italien ist es Mittags so heiß, dass man ab 11 Uhr bis 4 Uhr nachmittags fast nicht unterwegs sein kann, die Sonne kocht sonst einem richtig weich. Anschließend ein langweiliger Ritt: Straße, Straße, Straße und Hitze lodert einem vom Asphalt entgegen.

Erst auf dem letzten Drittel kamen wir wieder auf einen Feldweg und es ging durch Wald hindurch, da hat es wieder Spaß gemacht.

Heute ist der 15. August, der Nationalfeiertag der Italiener. In Ornavasso, einem kleinen Dorf, wurden wir von einer Großfamilie zum Mitfeiern eingeladen. Wieder Reden mit Händen und Füßen, wir bekamen viel Alkohol zu trinken und es wurde oft gelacht und fast nichts verstanden.

Dann ging es weiter auf die Suche nach einem Übernachtungsplatz. Um 8 Uhr trafen wir erst das Begleitfahrzeug, eigentlich zu spät für Übernachtungssuche, das soll ab morgen geändert werden. Während das Fahrzeug einen Übernachtungsplatz suchte, nahmen wir die Zügel ab, hingen sie an einen Baum und ließen die Pferde auf einer Wiese grasen. Dann ging es

weiter zu Fuß 200 m weiter zum Übernachtungsplatz in der Nähe von Ornavasso, merkten aber nicht, dass wir die Zügel von Moritz und Lucia , die an einem Baum hingen, nicht mitgenommen hatten..

Dort stellten wir den Elektrozaum auf und ließen die Pferde grasen. Als alles versorgt war setzten wir uns gemütlich zusammen, aßen und redeten bis tief in die Nacht hinein.

Am 16. August.

Wir stehen auf, richten alles und wollen die Pferde satteln, da stellen wir fest, die Zügel fehlen.

Wir erinnern uns, wir haben sie beim Treffpunkt hängen lassen, fahren dorthin zurück, um sie zu holen, aber die sind weg. Die anderen reiten weiter Richtung Orca See, während ich mit Ewald die ganze Gegend absuche, ob jemand die Zügel gefunden und mitgenommen hat. Wir fragen Leute unterwegs, wo es Pferde gäbe und ein älterer Herr fährt uns dorthin. Auf dem Hof ist aber nur ein Bursche, der über nichts Bescheid weiß.

Wir machten eine Rast im Kaffee gegenüber um uns dort zu erkundigen.

Auch die Fragerei im Cafe erbrachte nichts, zum Glück sprach der Besitzer

Deutsch (Gastarbeiter Ruhrgebiet) aber auch er konnte telefonisch nichts herausbekommen. Das dauerte 3 Stunden und wir fuhren dann weiter Richtung Omegna. Aber unsere Reiter waren weit und breit nichts zu sehen. Nun fahren wir nach Cicheron zu dem ausgemachten Treffpunkt. Nichts. Wir fahren wieder zurück, bis da, wo wir die letzten Rossbollen gesehen haben, verirren uns noch und endlich, als wir schon wieder umdrehen wollten.

sehen wir sie rechts in einem Kaffee sitzen, wo wir uns auch noch einen Cappuccino leisteten. Mittags waren wir in Ovaldo und die Hitze stand in den Straßen. In einem gepflasterten und mit Gras bewachsenen Hinterhof neben einem uralten Patrizierhaus fanden wir eine Rastmöglichkeit.

Da kein Besitzer zu Hause war den wir um Erlaubnis bitten konnten, ließen wir die Pferde grasen und vesperten an einem vorhandenen Tisch mit Bänken.

Ein älterer Herr schaute uns gegenüber von einem Fenster aus zu, ohne irgendetwas zu sagen. Zum Schluss wurden wir von anderen Nachbarn begeistert zum Cafe eingeladen nachdem sie erfuhren, dass wir nach Rom wollten

Dann ging es weiter (mit Halfter natürlich) durch Omega hindurch bis zu einem Campingplatz in Achippe. Als wir mit vier Pferden und dem Tross ankamen, war der Besitzer ganz entsetzt.

Nichts Cavali, auf dem Campingplatz keine Pferde. Da kam seine Frau dazu, die war ganz lieb. Ich fragte sie, ob es hier in der Nähe einer Möglichkeit für die Pferde gäbe und sie versprach, sich darum zu kümmern und anzurufen. Das erste Terrain, was uns angeboten wurde, war total verwildert, unmöglich für die Tiere, außerdem wurde uns ein Stück angeboten, welches der Bahn gehörte, aber das taugte auch nichts, zu verwildert. Aber dann machte sie für uns eine Adresse eines ältern Ehepaares ausfindig, das uns umsonst ein Grundstück anbot, was nicht gemäht war, ideal für die Pferde.

Wir zäumten ein Teil ein und den Pferden ging es gut. Und das alles bei über 30 Grad im Schatten.
Total verschwitzt gingen wir dann runter zum Campingplatz, der an einem See lag, um dort zu übernachten. Zuerst duschten wir uns, badeten im See, das Wasser war sehr warm und dann wurde die Wäsche der letzten Tage gewaschen und zuletzt bereiteten wir uns ein gutes Abendessen zu. Dabei verlor Josef seinen Geldbeutel mit EC Karte.

Als wir uns abends zusammensetzten stellten wir fest, das Reittempo muss erhöht werden, um rechtzeitig nach Rom zu kommen, aber die großen An- und Abstiege hatten wir ja hinter uns.

Da wir nur noch wenig Kraftfutter hatten, gingen wir auf die Suche. Mit einem Fahrrad, das uns von einem Nachbarn geliehen wurde, fuhren wir zu einem Pferdebesitzer, der leider kein Kraftfutter hatte. Zurückgekommen, erklärte sich ein Nachbar bereit, uns zu einem 12 km entfernten Händler zu fahren. Dort war leider niemand mehr da.

Und am Montagmorgen sind dort alle Läden geschlossen, also gab es kein Kraftfutter.

17. August

Gegen 8 Uhr aufgestanden, alles fertig gemacht, gefrühstückt und dann ging es weiter. Anfangs war es leicht bedeckt und angenehme Temperaturen, es war schön zu reiten.

Werner meinte nun, er hätte genug geführt und ich übernahm die Führung . Nach einer Weile wurde der Weg schwierig, so eine Art Kopfsteinpflaster dass wir zu Fuß gehen mussten.. Dann ging es durch eine Art Eisenbahntunnel. Nach dem Tunnel meinte ich, wir wären falsch und wollte die Karte zu Rate ziehen, aber Werner ritt einfach weiter.

Erst nach einer Weile meinte er dann, wir wären total falsch, wir müssten zu-rück. Sepp schimpfte wie ein Rohrspatz, was denn der Blödsinn soll. Wieder

eine Stunde Umweg für nichts und wieder nichts, nur weil Werner sein Späß-chen haben wollte. Nun ging es weiter bergab bis zu einer Halbinsel, auf der ein wundervolles maurisches Haus stand, weiter am Octasee entlang bis fast

zum Ende, wo es ein Restaurant mit einem Campingplatz gab. Wir fragten ob wir un-sere Pferde auf die Wiese am See stellen könn-ten, wir würden auch bei ihm trinken und es-sen.

Nach anfänglichem Zögern war er damit einverstanden und wir genossen es, in einem Restaurant zu sitzen und gut zu essen, die Pferde waren auch optimal versorgt. Dann gingen wir mit den Pferden ins Wasser und badeten zusammen. Sogar Lucia schwamm, wenn auch nach sehr reiflicher „Überlegung" Das machte uns viel Spaß aber leider kamen dann Badegäste und wir mussten mit den Tieren aus dem Wasser.

Wir packten alles zusammen und wollten gerade losreiten, da erklärte Werner, er habe noch Lust auf Spaghetti. Wieder Kommando zurück. Ich war sauer., aber dann einigten wir uns doch, weiterzureiten, nach Gozano.

Da sind wir jetzt in der größten Mittagshitze, liegen im Straßengraben unter

schattigen Bäumen, die Pferde haben genügend zu fressen aber man kann sich vor Hitze kaum bewegen. In der größten Mittagshitze geht es dann doch weiter, der Platz war einfach nicht so toll, Richtung Gonazo und Bocanerva. In Gonazo machten wir mitten in der Stadt halt, banden die Pferde an Eisengittern von Fenstern, kauften uns etwas zum Essen, hauptsächlich

Obst und Christina dachte schon, sie hätte etwas in der Lotterie gewonnen, aber nichts war. Dafür bekamen wir von einer Bäckerei eine Pizza geschenkt.

Danach ein langer, heißer ermüdender Straßenritt, wobei ich die Abzweigung nach Orecio verpasste.

Werner merkte es, (so sagte er später) aber sagte kein Wort.

Zum Glück trafen wir unterwegs Ewald mit dem Fahrrad, der uns suchte, denn der Treffplatz war von Werner falsch eingezeichnet und er führte uns dann zum heutigen Nachtquartier, zu einem Zigeunerlager.

Die Leute waren alle sehr nett, freundlich und hilfsbereit. Leider war es schon dunkel, als wir ankamen, denn Werner hatte sich verschätzt, die Strecke war länger, als er gedacht hatte. Wir bauten alles auf und vor dem Abendessen gab es eine längere Diskussion über das Miteinander in unserer Gruppe.und wütend erklärte ich laut und deutlich: Ich habe die Nase voll von der Art und

Weise, wie sich Werner immer wieder aufführt und denke ans Aussteigen. Es wurde dann darüber diskutiert und nun war es Sepp der mich dazu brachte, doch noch weiter zu reiten.

Plötzlich, ohne Vorwarnung, begann es von allen Seiten zu stürmen, zu donnern und der Regen prasselte wie verrückt herunter. Zum Glück waren die Pferde gut untergebracht, konnten also nicht ausbrechen. Wir wurden von den Leuten zu einem Trunk eingeladen und der Sohn der Familie zeigte Videos vom Springturnieren, an denen er teilgenommen hatte.

Der 18. August

Am nächsten Morgen ging es dann wieder sehr frühzeitig los, wegen der großen Hitze konnten wir ja über die Mittagszeit nicht reiten und welch ein Wunder: Ich konnte sogar in Ruhe meinen Kaffe trinken. Werner erklärte genau die Karten und den Weg .

Mittagspause machten wir auf einem Rasenplatz hinter einer Tankstelle, Werner fragte gar nicht,

ob wir dort rasten können, außerdem schimpft er wie so oft mit Moritz herum.

Dann ging es weiter Richtung Navarra, Hitze und Asphalt, der Schweiß floss in Strömen. Etwas Ermüdenderes gibt es nicht als stundenlang Asphalt reiten.

Unterwegs kamen wir an einem Altenfest vorbei, banden die Pferde am Rand der Zelte auf einer Wiese an und gönnten uns was zu trinken und Bratwürste.

Dann ging es weiter nach Navarra, wo wir mitten durch die Stadt

ritten, hoch zu Ross an Straßencafes vorbei auf einer stark frequentierten Bundesstraße und alles dreht sich nach uns um.

Wir ritten weiter zum höchsten Punkt, wo eine große Kathedrale stand.

Neugierige fragten uns, wohin wir wollten und immer, wenn wir sagten, nach Rom, waren alle Italiener hellauf begeistert. Sogar ein Reporter kam dazu, machte Fotos, fragte uns aus und am nächsten Tag war ein halbseitiger Artikel in der Zeitung über die 4 Deutschen, die nach Rom wollten, Wir wurden langsam berühmt. Der Ritt durch die Altstadt war besonders beeindruckend wenn man überlegte, wie viel Pferde früher über das gleiche Kopfsteinpflaster geritten sind vorbei

an Straßen Cafes und durch enge Gässchen, wo es richtig widerhallte und alle Leute aufschauten. Wir ritten durch die Altstadt direkt vor den Dom, banden dort unsere Pferde fest und schauten uns das Innere der Kathedrale an.

Bei den Pferden versammelten sich Gruppen von Leuten, machten Fotos und fragten, wohin wir reiten. Als sie Rom hörten waren alle sehr begeistert.

Im Moment sind wir am Stadtrand von Navarra. Von verschiedenen Seiten ziehen mehrere Gewitter auf, es wird stockdunkel, der Wind fängt an zu stürmen und die ersten Regentropfen fallen. Verzweifelt suchen wir einen Unterstand oder hoffen, dass wir noch mit einem blauen Auge davon kommen. Die Pferde werden durch die vielen Blitze und Donner von allen Seiten unruhig und können kaum beruhigt werden. Jetzt sind wir in Richtung Olego unterwegs und da kommt uns Ewald entgegen und sagt, er hätte einen Platz gefunden. Dann hält plötzlich ein Auto neben uns, in dem ein junger Italiener mit seiner Freundin sitzt. Der erklärt uns, 5 Minuten entfernt gäbe es einen großen Reitstall, er wolle uns den Weg dazu zeigen. Er steigt aus, um uns vorauszugehen, wir drehen wieder um und im gleichen Augenblick beginnt es zu blitzen, zu donnern und große Eiskörner zu hageln. Am nächsten Tag erfuhren

wir, dass es Bäume entwurzelt und Ziegel zerschlagen hatte. Wir flüchten zu einer gegenüberliegenden Tankstelle und dort ging es erst richtig los.

Von einer Sekunde zur anderen begann es wie aus Kübeln zu schütten. Im Nu waren wir durchnässt, der Sturm raste waagrecht durch die Tankstelle und es blitzte und donnerte von 3 Seiten. Die Pferde waren total verschreckt, man sah nur das Weiße in den Augen, sie waren in Panik und wollten nur noch davonrasen. Wir ließen sie am Halfter im Kreis um uns herumlaufen, dabei trommelte der Regen wie verrückt auf das Blechdach der Tankstelle, dazu noch der Sturm, es tobte und krachte und schepperte ringsherum, dazu noch die Blitze und der Donner von allen Seiten, man kann es nicht beschreiben, muss es selbst erlebt haben.

Und wie immer, wenn wirklich etwas passiert, kann man natürlich auch keine Fotos davon machen, man ist so damit beschäftigt, einigermaßen heil aus der Situation herauszukommen.. Vielleicht dauerte alles 10 Minuten, vielleicht noch länger oder auch kürzer, jedenfalls für uns war es eine Ewigkeit, bis sich das Wetter wieder einigermaßen beruhigt hatte.

Der Italiener, der uns den Tipp von dem Reiterhof gegeben hatte, war auch ganz durchnässt und machte den Vorschlag, zu dem Gestüt im Auto hinzufahren und zu fragen, ob wir übernachten könnten

Die Freundin des Italieners meinte, sie würde mitreiten, um den Weg zu zeigen, aber sie konnte sich kaum auf dem Pferd halten. Als wir dort ankamen, sprachen wir mit einer netten jungen Dame auf Englisch, die uns dann die Erlaubnis zum Übernachten gab. Nun hatte auch der anschließende Dauerregen etwas nachgelassen und wir bekamen dort die große Reithalle, die wir mit Bändern aufteilten, die Pferde waren wenigsten auch im Trockenen und bekamen Futter und wir konnten uns wenigstens einigermaßen umziehen und unser Sachen zum Trocknen auslegen.

Insgesamt war eine etwas gedrückte Stimmung.

Am 19. Tag.

Am nächsten Morgen nutzen wir die Zeit etwas, unsere Sachen zu trocknen und ritten weiter nach Martora. Wir waren jetzt voll in der Poebene, es gab vieles Brakwasser und Mücken über Mücken.

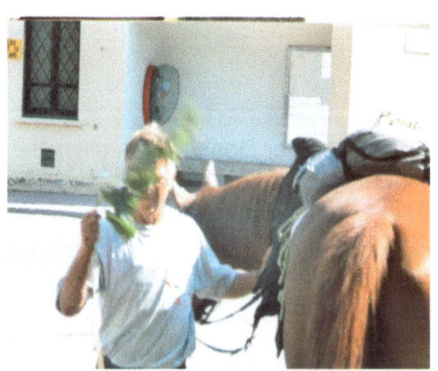

Wir machten uns selber einem dünnen Mückennetz Schleier, um die Fliegen

überleben zu können, es war wirklich schlimm. Der Weg war aber sehr schön und unterwegs fütterten wir unsere Pferde mit Maiskolben. In Olego wollten wir den Pferden Wasser geben, aber die Fliegen suchten uns derart heim, attackierten uns in Schwärmen, die Pferde wurden fast verrückt trotz Mückennetz. Es ging wirklich nicht so weiter.

Wir entschlossen uns dann, den Ritt wegen der Mückenplage abzubrechen.

Wir ritten weiter zum nächsten Ort (Olego) und fanden dort ein Café, wo wir auch im Hof die Pferde anbinden konnten.

Da unser Begleitfahrzeug vom Abbruch (sie hatten ja kein Handy) nichts

wusste erklärte ich mich bereit, zum ausgemachten Treffpunkt in Matura zu trampen.

Ein alter Herr, der auch mit im Cafe saß, führte mich zum Mittagstreffpunkt. Dort wartete ich drei Stunden- kein Ewald zu sehen. Ich wollte schon wieder zurücktrampen, da kam Joseph mit dem gleichen Mann, um nachzuschauen, was denn los sei. Wir suchten die ganze Gegend ab, überall, aber kein Begleittross war zu sehen.

Wir fuhren ins Cafe zurück und ab 17 Uhr die gleiche Prozedur. –nichts.

Um 18.30, wir machten wieder Anhalter, nahm uns ein junger Mann in seinem Jeep mit. Er erklärte sich bereit, uns bei der Suche zu helfen und wir klapperten verschiedene Möglichkeiten ab und dann am Eingang von Tomellone fanden

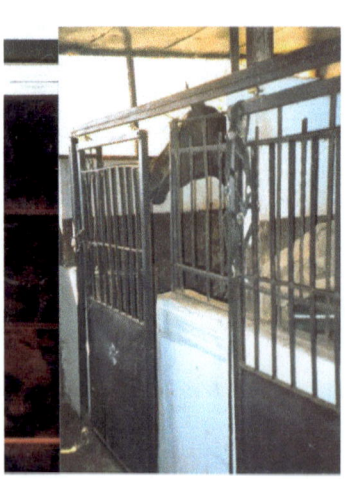

wir den Hänger.

Werner hat den Treffpunkt falsch eingezeichnet. Ich wartete beim Hänger, kurz darauf kam Ewald, der uns mit dem Wagen suchte und wir fuhren ins Cafe.

Nun natürlich Änderung der Pläne.

Wir fuhren zu dem Reitstall in Navaro zurück und fragten, ob wir bei ihnen für einen Tag zwei Pferde, Lucia und Tamino, unterbringen könnten. Sie zeigten sich sehr hilfsbereit und so brachten wir die beiden Pferde im Hänger zum Reiterhof.

Werner und Christina verluden ihre Pferde.

Dann ging es ab nach Deutschland. Joseph fuhr mit, um einen Hänger zu besorgen. Ich blieb bei Moritz und Tamino. Endlich wieder in der Zivilisation.

Dort unterhielt ich mich auch des Öfteren mit der deutschen Besitzerin des Reiterhofes. Als ich ihr erklärte, wie schwierig es manchmal gewesen sei, mit den Pferden unterzukommen meinte sie:
Ihr kommt mit einem leeren Pferdehänger und fragt, wo Pferde sind, wo man übernachten könne.
Ihr könntet ja Pferdediebe sein.
Außerdem meinte sie, dass es in den Monaten Juli und August in der Poebene kein Durchkommen mit Pferden gäbe. Die wenigen Reitställe, die in der Gegend wären, hielten die Pferde den ganzen Tag im Stall wegen der Mückenplage. Von ihr erfuhren wir auch, dass auf Grund des warmen Frühlings in diesem Jahr die Mückenplage drei Mal so groß wie normal sei.

20. Tag
Ein Tag Ruhe und Erholung. Gegen 16 Uhr kam Joseph mit seinem Auto und einem geliehenen Hänger zurück und wir verluden unsere Pferde.**Der Romritt war vorbei.**

Und weil wir alle gesund zurückkamen, wurde auch ein kleines Fest gefeiert.

Rückblickend wäre zu sagen, dass trotz aller Widrigkeiten dieser Ritt etwas ganz Tolles war und wir dies alles nicht vermissen wollten. Wir hatten außerdem irres Glück mit dem Wetter und die Gastfreundschaft, egal ob in Italien oder in der Schweiz, war überwältigend.

Insgesamt trugen meiner Meinung nach folgende Gründe zum Scheitern bei:

1. Im Begleittross und bei den Reitern sprach niemand italienisch.
2. Es waren keine zwei Handys vorhanden, Begleittross und Reiter konnten sich nicht verständigen.
3. Die Mückenplage war so schlimm, dass die Pferde fast nicht mehr reitbar und so zerstochen waren, dass man fast keine Sättel auflegen konnte.

   Außerdem hatten wir Angst, dass die Pferde auf Grund der vielen Stiche und der damit verbundenen ziemlich großen Schwellungen vielleicht einen Kreislaufzusammenbruch bekämen. Die Gesundheit unserer Tiere hatte Vorrang, **der Ritt musste deshalb abgebrochen werden.**

Anmerkung:

Figur weckt Skulpturenweg-Wiederbelebungsphantasien

Ein Denkmal für einen unvollendeten Rom-Ritt

Ein Jahr nach unserer Rückkehr wurde als Andenken an unseren Romritt im Garten von Sepp ein kleines Denkmal eingeweiht.

Zeitungsartikel

Hoch zu Roß in die Ewige Stadt

Freizeitreiter von Hasel Richtung Rom gest...

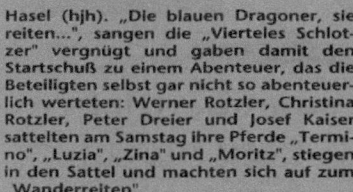

Vor dem Aufsitzen: Werner Rotzler, Tochter Christina Rotzler, Peter Dreier und Josef K... sattelten am Samstag früh ihre Pferde zu einem Ritt nach Rom.   Foto: Hans Jürgen ...

Hasel (hjh). „Die blauen Dragoner, sie reiten...", sangen die „Vierteles Schlotzer" vergnügt und gaben damit den Startschuß zu einem Abenteuer, das die Beteiligten selbst gar nicht so abenteuerlich werteten: Werner Rotzler, Christina Rotzler, Peter Dreier und Josef Kaiser sattelten am Samstag ihre Pferde „Termino", „Luzia", „Zina" und „Moritz", stiegen in den Sattel und machten sich auf zum „Wanderreiten".

Ihr Ziel ist Rom, die ewige Stadt, am Samstag noch ewig weit weg von Roß und Reiter: knapp tausend Kilometer Luftlinie oder - mit dem üblichen Faktor 1.4 umgerechnet - rund 1300 Kilometer in Richtung Süden, über drei Alpenpässe mit Höhen bis 2480 Meter, nach Domodóssola und schließlich durch die Po-Ebene nach Rom. Fünf Wochen geben sich die Reiter Zeit, das große Ziel zu erreichen, vielleicht auch noch eine Woche mehr. „Wenn wir dann nicht auf dem Petersplatz stehen", brechen wir die Sache ab", sagte Werner Rotzler kurz vor dem Start. Abbrechen werde man auch, wenn die Pferde nicht mehr fit sein sollten. Denn deren Wohl liegt den Reitern ganz besonders am Herzen. Deshalb stehen auf ihrem Plan auch keine Gewaltmärsche, sondern täglich 30 bis 35 Kilometer, die in den frühen Morgenstunden von fünf bis neun Uhr und abends ab etwa 19 Uhr geritten werden sollen. Drei Stunden täglich wollen sie im Sattel sitzen, zwei Stunden laufen sie neben den Pferden her. Als weitere Sicherheit vor allem im (noch) unbekannten Italien ist ab der zweiten Woche ein Versorgungsfahrzeug eingeplant, das die drei Herren und das Mädchen begleiten wird. Werner Rotzler glaubt nämlich, daß „die Versorgung der Pferde mit dem notwendigen Futter im Süden nicht mehr so richtig klappen könnte." Man habe Handys dabei, die den Kontakt zum Fahrer des Versorgungsfahrzeuges sicherstellen werden. Werner Rotzler und seine Begleiter zählen auf die Unterstützung der Pferdenarren in der Schweiz, in den Alpen und in Italien. Um sie zu begeistern, hat man Hemden

angefertigt, auf denen die Reiseroute „Hasel-Rom" und die Nationalflaggen der drei Länder aufgedruckt sind. Klappt alles wie geplant, kann sich das Quartett bei seiner „Dreiländertour ohne Doping" auf ein „außergewöhnliches Erlebnis für Roß und Reiter" freuen. Werner Rotzler weiß: „Diese Art zu reisen ist prima geeignet, Land und Leute kennenzulernen." Bei keiner anderen Reiseart bestehe so enger Kontakt mit der Bevölkerung. Vom Sattel aus seien auch die Eindrücke von den durchquerten Landschaften „grandios".

Rom muß nicht an einem Tag erobert werden

Daran werden auch eventuelle Regengüsse nichts ändern. Im Gegenteil. „Wir Reiter sind auf Regen eingestellt. Und den Pferden tut Regen regelrecht gut", sagen die Helden, die über 40 Tage auf den Spuren Hannibals wandeln, manchmal auf Bauernhöfen, manchmal in Zelten, manchmal aber auch unter freiem Himmel übernachten wollen und dabei fest auf ihre in freier Natur gehaltene Pferde setzen. Denn nur die seien ausgeglichen und robust genug, den Ritt zu meistern. Werner Rotzler: „Auf Pferden, die in Einzelhaft gehalten werden, würden wir erst gar nicht losreiten. Unsere Pferde sind täglich zwölf Stunden aktiv und schlafen zwölf Stunden. Das entspricht ihrer Natur, einen solchen Tagesablauf mögen sie." Daß ein Pferd wegen einer Verletzung ausscheide, könne natürlich passieren. Auch ein Reiter könne krank werden. Aber das, so Werner Rotzler, „kann bei jeder Urlaubsreise vorkommen". Vor Notfällen ist Werner Rotzler ohnehin nicht bange. Man gehe die Sache locker an, beteuert er und betont, daß man sich nicht vor lauter Ehrgeiz zerfleischen werde. Rom wurde nicht an einem Tag erbaut. Und es muß auch nicht an einem Tag erobert werden. Es wäre zwar schön, wenn er sich seinen Traum im 50. Lebensjahr erfüllen könne. Man könne das Abenteuer aber auch ein anderes Mal erneut in Angriff nehmen.

findkurier 12.8.98

Im Kuhstall Nachtlager gefunden

Hobby-Reiter aus Wehr und Hasel sind guter Dinge – Auf dem Weg nach Rom

Wehr/Hasel (jwg) Die vier Hobby-Reiter, die sich vor einer guten Woche aufs Pferd geschwungen haben, um in die ewige Stadt Rom zu reiten, haben eine erste Zwischenbilanz gezogen. Sechs Reisetage lagen bei Eintreffen des Berichts hinter dem Quartett. Der augenblickliche Aufenthaltsort war das in der Zentralschweiz gelegene Giswil.

■

„Es war eine so entspannte Atmosphäre, daß wir gar nicht mehr weiter wollten."

Aus dem ersten Reisebericht

■

Anfang August machten sich die vier Reiter aus Hasel und Wehr nach einem ausgiebigen Abschiedszeremoniell auf die Reise in Richtung Rom. Mit den musikalischen Grüßen der Vierteleschlotzer im Rücken haben sie inzwischen den ersten Alpenpaß in Richtung ewige Stadt gemeistert. *Foto: Wagner*

Größere Zwischenfälle blieben den Reitern bisher erspart. Allerdings sind aus den ursprünglich vier Romreisenden vorübergehend drei geworden. Die zwölfjährige Christina mußte die Gruppe am fünften Reisetag wegen einer starken Mandelentzündung verlassen. Aufgegeben hat sie allerdings noch nicht. Sobald sie wieder gesund ist, will sie wieder zum Vater und dessen zwei Begleitern stoßen.

Übernachtungsgelegenheiten fanden die Reiter zumeist recht schnell. Peter Dreier beschreibt in seinem Reisebericht die große Hilfsbereitschaft, die die Schweizer in dieser Beziehung aufbringen würden: „Hatte jemand selbst keinen Platz für uns frei, wurde solange gesucht bis etwas gefunden war." Gebettet waren die robusten Reitersleute zumeist auf Heuböden, in Kuhställen oder unter Vordächern. Deftige Vesper bei den jeweiligen Gastgebern ließen die einkalkulierten Strapazen jedoch schnell vergessen.

Die erste große Herausforderung liegt indes auch schon hinter den Reitern. Bei bestem Bergwetter meisterte die zu diesem Zeitpunkt schon dezimierte Gruppe den Aufstieg von Flühli auf den Sattelpaß. Über den sich erbietenden Anblick schreibt Dreier: „Es war eine so entspannte Atmosphäre, daß wir gar nicht mehr weiter wollten, aber leider mußten wir Abschied nehmen – Rom lag noch zu weit Weg."

Diese Woche verlangte Roß und Reiter weit mehr ab, als wir ursprünglich glaubten", schreiben Werner Rotzler samt Tochter Nadine, Peter Dreier (Hasel) und Josef Kaiser (Wehr), die derzeit auf ihrem Ritt nach Rom sind. In der zweiten Woche führte ihre strapaziöse Etappe durch die Schweiz in Richtung Domodossola.

In einem Reisebericht schreiben die Reiter:

„Zum Sattelpaß kamen noch der Brünigpaß, der Grimselpaß und der Simplon dazu, wobei wir immer versuchten, so wenig wie möglich die Hauptstraße zu benutzen, was dungssystems, wobei wir im Auto unter dem Grimselsee durchfuhren, um die gigantischen Turbinen zu sehen. Außerdem konnten wir die auf der Welt einzige Mineralhöhle besichtigen, die noch im Urzustand ist. Der Anblick der glitzernden Kristalle war unglaublich.

Ab jetzt fahren wir mit Begleitfahrzeug, da es nicht mehr möglich war, genügend Kraftfutter während des Ritts von den Bauern zu bekommen, da es im Wallis wenig Pferde gibt. Nach zwölf Tagen sind unsere Pferde noch in einem ausgezeichneten Zustand, was immer wieder bewundernd festgestellt

---

Reiterquartett nimmt weitere Etappe auf Weg nach Rom

Trotz der Pferde geht es zu Fuß durch das Gebirge

beträchtliche Umwege mit vielen Auf- und Abstiegen mit sich brachte. Dabei gingen wir rund 80 Prozent des Weges zu Fuß, wir könnten schon jetzt unsere Schuhe zum Besohlen geben. Bei leider zu heißem Wetter genossen wir aber die herrliche Schweizer Gebirgswelt. Schön war es auch, durch die engen Gassen des Gebirgsdorfes mit seinen alten, wunderschönen Bauernhäusern zu reiten.

In Meiringen übernachteten wir bei einem Pferdeliebhaber, der alte Autos und Kutschen sammelt. Außerdem zeigte er uns stolz ein altes Feldartilleriegeschütz der Schweizer Armee und eine von Pferden gezogene alte Feldküche.

Den Aufstieg zum Grimselpaß machten wir in zwei Etappen, die erste gemütlich bis Guttannen. Dort fanden wir für die Pferde und uns optimale Übernachtungsbedingungen, so daß wir einen Ruhetag einlegten. Wir übernachteten bei einem Ingenieur der dortigen Wasserkraftwerke. Er zeigte uns einen Teil des riesigen Verbin- wird. Und wenn sie abends auf der Koppel herumtoben (wir haben einen großen Weidezaun mit Ladegerät dabei), meint man, sie wären zehn Tage in der Box gestanden.

Wegen der großen Hitze reiten wir nur morgens bis 11 Uhr und abends ab 18 Uhr. Den Tag verbringen wir an einem schattigen Platz. Nach dem Grimselpaß, der uns viel Kraft kostete, wollten wir über den Griespaß nach Italien. Einheimische rieten uns aber ab, unsere Rosse seien zu groß und nicht trittsicher genug. Also mußten wir den Umweg über den Simplon machen. Den Aufstieg stellten wir uns leichter vor. Nach zwei Drittel des Weges mußten wir wieder umkehren, da uns die Stege über den Fluß nicht stark genug für unsere Pferde erschienen. Da wir mit Schwierigkeiten gerechnet hatten, gingen wir dann eine vorher geplante Ausweichroute.

Gestern verließen wir die gastfreundliche Schweiz. Leider haben wir kaltes und regnerisches Wetter. Aber der Petersplatz rückt näher."

Das erste Abenteuer mit Einbruch im Schlammloch ist überstanden und der erste Paß bezwungen

Die Romreiter erleben eine große Gastfreundschaft

HASEL (BZ). Genau vor einer Woche sind die Hasler Werner Rotzler mit Tochter Nadine und Peter Dreier sowie und Josef Kaiser aus Wehr zu ihrem Ritt nach Rom gestartet (wir berichteten). Ihre Route führte sie bis jetzt von Hasel über Bad Säckingen-Anwil-Niedergösgen-Dare-Kölliken-Mauchensee-Wolhusen-Entlebuch-Fluehli-Sattelpaß nach Giswil. Was sie unterwegs erlebt haben, hielten die Reiter wie folgt fest:

Am 1. August um 8.30 Uhr nehmen wir in Hasel Abschied von Freunden und Familie. Die Vierteleschlozer aus Wehr singen: „Die blauen Dragoner, sie reiten." Und mit etwas gemischtem Gefühl reiten wir los, der Grenze entgegen, immer gegrüßt von Passanten. Seid ihr die, die nach Rom wollen? An der Grenze gibt es nochmals einen Fototermin mit deutscher und Schweizer Presse, und eine kleine Diskussion mit einem freundlichen Zollbeamten wegen eines Stempels, da wir ja die Schweiz über... Grenze verlassen. Weite... Richtung Fricktaler Höh...

wunderschönen Hügellandschaft, die uns dann auch gleich mit Blitz und Donner und einem Wolkenbruch empfängt.

In Anwil übernachteten wir auf einem Bauernhof, wo wie sehr freundlich aufgenommen und am nächsten Tag mit einem feudalen Frühstück verabschiedet wurden. Die Knallerei am 1. August beeindruckte unsere Pferde überhaupt nicht.

Was uns aber in der Schweiz besonders beeindruckte war die Gastfreundschaft und Hilfsbereitschaft der Schweizer, die alles übertraf, was wir je erwartet haben. Sehr oft mußten wir überhaupt kein Quartier suchen, da von den Leuten, mit denen wir ins Gespräch kamen, eines angeboten wurde. Hatte jemand keinen Platz, wurde so lange gesucht, bis was gefunden wurde. Wir selber sind so ausgerüstet, daß wir überall, auch im Freien, übernachten können, somit niemanden zur Last fallen und nur...

sammen. Insgesamt verlief der Ritt bis jetzt problemlos. Das Wetter spielte optimal mit, denn es regnete immer erst dann, wenn wir eine Unterkunft gefunden hatten.

Am dritten Tag brach Werner mit seinem Pferd in ein Schlammloch ein, welches nicht zu erkennen war. Zum Glück sprang er noch rechtzeitig vom Pferd, aber er zog sich dabei eine starke Zerrung zu.

Am fünften Tag zog sich Christina eine eitrige Mandelentzündung zu und hatte hohes Fieber. Ihre Mutter holte sie sofort ab. Ihr Pferd bleibt nun solange an unserer Übernachtungsstelle im Entegast, bis sie wieder gesund ist und mit uns weiter kann. Am Donnerstag hatten wir unsere erste Herausforderung, der Aufstieg vom Flüehli auf den Sattelpaß. Nachdem wir bei einer sehr netten jungen Dame, die Kinderfreizeiten und therapeutisches Reiten anbietet, unterkamen und unsere Pferde dort in einem Gehege zusammen mit einem Hirsch die

zirka eine Stunde steil hinauf, bis zum Aufstieg zum Sattelpaß, den wir vor Wochen per Fuß erkundet hatten.

Der erste Teil war sehr steil und lehmig, aber wir kamen gut voran. Schwierige Stellen passierten wir Schritt für Schritt ganz langsam, denn Sicherheit für Pferd und Reiter hatte immer Priorität. Als wir oben waren, waren wir sehr erleichtert und auch ein wenig stolz.

Eine Almhütte mit einem wunderbaren Blick über die Alpenlandschaft lud zu einer Rast ein. Bei einem guten Vesper und einem kühlen Bier waren wir bald mit dem Wirt und seinen Gästen in interessante Gespräche vertieft. Es war eine so herzliche und entspannte Atmosphäre, daß wir überhaupt nicht mehr weiter wollten, aber leider mußten wir Abschied nehmen, Rom lag noch zu weit weg.

Nach sechs Tagen schlafen auf Heuböden, Heuwagen, Zementböden in Garagen, in Kuhställen war... en wir nun ...xus eines

Ihren ersten Ritt Richtung Rom mußten Josef Kaiser, Peter Dreier, Christina und Werner Rotzler (von links) abbrechen - Pläne für die nächste Tour allerdings werden schon geschmiedet.
Foto: Anja Bertsch

„Vier John Waynes auf großer Tour gen Rom"

Romritt trotz Abbruch ein „Riesenerlebnis"

Hasel / Rom (jab). „Ein Riesenerlebnis war's", zeigten sich die vier Romreiter aus Hasel und Wehr einig, als sie ihre Reise gen Rom gestern noch einmal Revue passieren ließen. Diese Erinnerungen werden zwar gut drei Wochen früher als geplant zu Protokoll gegeben - die große Enttäuschung über den vorzeitigen Abbruch des Abenteuers aber wollen die Reiter nicht aufkommen lassen.

Zumal die Fortsetzung folgt: Am 2. April nächsten Jahres wolle er den Rest der Strecke in Angriff nehmen, schmiedet Werner Rotzler schon wieder eifrig Pläne. Am vergangenen Freitag brachen Werner Rotzler, seine zwölfjährige Tochter Christina, Peter Dreier und Josef Kaiser in der Poebene ihren Versuch ab, auf Pferden von Hasel nach Rom zu reiten. Grund war eine Insektenplage (wir berichteten).

„Es gab keinerlei Diskussion darüber, ob wir tatsächlich umkehren sollen - das war einfach klar", schildern die Pferdefreunde die massive Beeinträchtigung. Über zweieinhalb Tage hinweg hatte das Quartett vorher beobachten müssen, wie die Insekten ihren Tieren immer mehr zusetzten - Besserung wäre auch die nächsten Tage nicht in Sicht gewesen. Auch die kübelweise mitgeführten Insektenschutzmittel versagten in Italien den Dienst, nachdem sie in den Alpen noch guten Schutz geliefert hatten.

Teilweise seien die Pferde so zerstochen gewesen, daß man kaum das Zaumzeug habe anlegen können, Erzählungen Einheimischer, die von an Insektenstichen verendeten Pferden berichteten, taten ein übriges zur Entscheidungsfindung. Und auch den Reitern drückten die „Stichelei-en" mächtig auf die Stimmung. Nachts habe man sich komplett verhüllen müssen, um den Insekten bloß kein Fleckchen Haut als Zielfläche zu bieten. Tagsüber versteckten die Reiter zumindest ihre Gesichter unter Netzen.

Die Abenteurer aus Hasel wurden damit Opfer der Umstände: Den im Prinzip schwierigsten Teil der Tour - die Etappe über die Alpen - hatten sie nämlich zum Zeitpunkt des Abbruches schon längst hinter sich gelassen. Und zwar „weitaus problemloser, als wir es gedacht hätten". „Natürlich war das kein Spazierritt", man habe öfter Umwege in Kauf nehmen müssen, mühsame Auf- und Abstiege an den Alpenpässen hinter sich gebracht - trotzdem war es phantastisch", schwärmt Peter Dreier.

auf der knapp dreiwöchigen Tour eindeutig in der Überzahl sind. Die Gastfreundschaft sei sowohl in der Schweiz als auch in Italien einfach toll gewesen. Wo immer man hingekommen sei, sei einem die Aufmerksamkeit der Leute sicher gewesen. Eine italienische Zeitung veröffentlichte einen großen Bericht - über die Deutschen, „die à la John Wayne gen Rom reiten".

Abgesehen von der Mückenplage steckten offenbar sowohl Reiter als auch Pferde die Strapazen einer solchen Tour mühelos weg. Immerhin war man sechs bis sieben Stunden täglich unterwegs, allerdings nicht ununterbrochen auf dem Rücken der Pferde. Da wegen der Hitze nur in den frühen Morgen- und in den Abendstunden geritten werden konnte, „haben wir auch wenig geschlafen." Trotzdem: „Die Pferde sind topfit", berichtet das Quartett, und außer über Verspannungen und kleineren Wehwehchen, die es in den ersten Tagen noch gab, können auch die Reiter nicht klagen. Großes Durchhaltevermögen zeigt insbesondere Tochter Christina. War der Ritt für die Zwölfjährige ohnehin eine größere Belastung als für ihre erwachsenen Begleiter, erwischte sie auch noch eine Mandelentzündung, die sie zu Hause auskurieren mußte. Aber: Nach vier Tagen war sie wieder zurück zum Romritt.

Aus dem Verlauf ihres ersten Versuches haben die Romreiter in spe einiges gelernt. So will man nächstes Mal zu einer früheren Jahreszeit starten, um der Insektenplage auszuweichen. Der richtige Zeitpunkt allerdings muß genau ausgelotet werden: Allzu früh darf's auch nicht losgehen, da ansonsten der Schnee auf den Alpen behindern würde. Auch sollen bei der nächsten Tour statt vier nur noch ein oder zwei Pferde reisen; oft nämlich sei es ein Problem gewesen, ein Quartier für die ganze Mannschaft zu finden, die inklusive Begleitfahrzeug sieben Menschen und vier Pferde umfaßte.

Größter Fehler aber sei es gewesen, sich nicht auf die Sprachbarriere vorzubereiten, urteilen die Abenteurer im nachhinein. Die Möglichkeit zur Verständigung sei eine wichtige Voraussetzung, was man schlicht nicht bedacht habe. Auf die nächste Reise will man sich da schon besser vorbereiten: Jemand mit guten Italienisch-Kenntnissen soll den Marsch begleiten - diese Stelle ist noch frei. Wer Lust auf ein kleines Abenteuer hat, kann sich bei Werner Rotzler in Hasel unter

Herstellung und Verlag:
BoD - Books on Demand, Norderstedt
ISBN 978-3-8423-3812-8